The Imperishable Laws

宇宙時代への目覚め

不滅の法

大川隆法
RYUHO OKAWA

まえがき

私は日々、奇跡《きせき》の時間を過ごしている。
現代人にとって、夢《ゆめ》、幻《まぼろし》の如《ごと》き毎日の中に、
光満《ひかりみ》てる真実があることを知り、
ただ一筋の道を歩んできた。
現代に生きる人々に心の指針を示し、
未来への伝言を遺《のこ》すことを使命としてきた。
霊性《れいせい》の時代を切り拓《ひら》き、
宇宙時代への目覚めを説く。

そこに現代の仏陀《ぶっだ》としての、
不惜身命《ふしゃくしんみょう》の姿を、
心の中に描き続けてきた。
伝道の旅には、終わりがない。
大悲風《だいひかぜ》の如《ごと》く、心に涙《なみだ》しない日はない。
今、ここに、『不滅の法』をわれ説かん。

二〇一一年　十二月

幸福《こうふく》の科学《かがく》グループ創始者兼総裁《そうししゃけんそうさい》

大川隆法《おおかわりゅうほう》

不滅の法　目次

第1章 世界宗教《しゅうきょう》入門

――「地球人」へのパラダイムシフト

第2章　霊界《れいかい》と奇跡《きせき》

——信仰があれば異次元《いじげん》パワーが働く

第3章　霊性の時代へ

――今、現代人にとって大事なこと

第4章　宇宙時代への目覚め
――解《と》き明かされ始めた「宇宙の秘密《ひみつ》」

序章　心の中の宇《う》宙《ちゅう》

——科学をも超《こ》えた悟《さと》りの世界へ

1　心とは何かを理解《りかい》しよう

心の話をしたいと思います。

私は、「人間は、このように物事を考えるべきである」という考え方を、数多くの教えの中で説いてきました。

しかし、いまひとつ、みなさんがまだ、深いところまで理解《りかい》していないことがあるのではないかと思うのです。

それは、みなさん自身の実感として、

言葉の本当の意味として、

また、悟《さと》りとして、

「心とは何であるか」ということを理解していないのではないかということです。

世の人々の多くは、「心とは脳《のう》の働きである」と考えているだろうと思いますし、現代《げんだい》医学でも、そのように捉《とら》えられているようです。

しかし、私の多年にわたる霊界《れいかい》研究の結果、

「人間は、肉体が滅《ほろ》び、焼かれ、そして地上を去ったのちも、生前と同じように、個性《こせい》を持った考え方ができ、それぞれの思いを出すことができる」

ということが判明《はんめい》しています。

したがって、
「心の働きは脳の作用ではない」ということなのです。
脳の作用は、
心の働きを、より円滑《えんかつ》に、正確《せいかく》に、迅速《じんそく》に伝えるための、
一種の「通路」、あるいは「道具」にしかすぎないのです。
こうした通路であり道具である脳が、
もし、十分に機能《きのう》しなければ、
心の働きが、外面《がいめん》から見て不明確《ふめいかく》になることは否《いな》めません。

しかしながら、
「肉体はなくとも、
生前と同じように、

喜怒哀楽《きどあいらく》の感情《かんじょう》を持ち、考えを持つ霊存在《れいそんざい》として、
人間が、「永遠《えいえん》に生き続けている」ということを知ったとき、
人は、コペルニクス的転回、発想の転換《てんかん》を意識《いしき》せざるをえなくなります。
ちょうど、コロンブスが、
従来《じゅうらい》とは反対の西回りで地球を回ってインドに行こうとしたように、
発想の転換が大事です。
この世的な肉体や物質《ぶっしつ》の研究を通して心の働きに迫《せま》るのではなく、
魂《たましい》そのものの中に参入し、
それをつかみ取ることによって、
心の働きを知らなくてはなりません。
これは、多くの人々が物心《ものごころ》ついてより身につけてきた考え方や思考訓練とは、
まったく別の訓練が必要なことを意味しています。

人間は、学校教育や職業教育《しょくぎょう》を経《へ》て、
自我《じが》というものを形成していきます。
西洋的な考え方には、
「自我は、
必要なものであり、
確立せねばならぬものであり、
有用なものである。
自と他の違《ちが》いを明確にし、
そして、自分の人生に責任《せきにん》を持つことが大事である」
というものがあります。
それは、必ずしも間違っているわけではなく、
真理の半面、真理の一部を表しています。

しかし、
人間を教育するに当たっては、
物質に溢《あふ》れた、この世における、
自我の確立のみを求めてはいけないのです。
自我の確立をしていく中で、自と他を分け隔《へだ》て、
この世において「自分だ」と思っているものと、
自分の、内なる心、奥底《おくそこ》にある心、
深いところで広い世界につながっている心とを、
切り離《はな》してはいけないのです。

2　根本仏《こんぽんぶつ》から見た三次元宇宙《うちゅう》

三次元宇宙は小さな水球《すいきゅう》のようなもの

地上にある人間にとって、
この大宇宙《だいうちゅう》は、
望遠鏡《ぼうえんきょう》によって観測《かんそく》されるものであり、
また、宇宙船に乗って旅行することによって観測されるものでもありますが、
肉眼《にくがん》によって捉《とら》えられた宇宙の姿《すがた》は、
実は、そのすべてではないのです。

例えば、無重力状態《じょうたい》の宇宙船の中で、コップの水をあけると、
水が球体になって空中をさまよいますが、
この三次元の宇宙そのものが、
さらにもう一つ大きな世界、
根本仏《こんぽんぶつ》、根本神《こんぽんしん》の創《つく》った大宇宙から見たならば、
ちょうど、無重力状態の中の水玉のような存在《そんざい》にしかすぎないのです。
この無重力状態で浮《う》かんでいる水玉の中に、
例えば、目にも見えないような微生物《びせいぶつ》がいて、
その水玉宇宙の中を旅行しているとします。
人間が肉眼で見ている宇宙の世界というのは、
実は、この微生物が見ている世界と同じようなものなのです。

もう一段《いちだん》大きな、根本仏の目から見たならば、
この銀河《ぎんが》を含《ふく》んだ、人間から見える大宇宙そのものが、
さらに大きな宇宙の中に浮かぶ、
小さな水球《すいきゅう》のようでもあり、シャボン玉のようでもあるのです。

そして、本当の宇宙の中には、
このようなシャボン玉が、無数とも言えるほど浮かんでいます。
そうした、三次元宇宙のシャボン玉が、
いったい、どれだけの数あって、
それが、次のいかなる世界をつくっているかということは、
残念ながら、地上に生きている人間にとって理解《りかい》を超《こ》えた世界です。
それは、ちょうど、地を這《は》うアリが、

人間世界のすべてを理解することはできないのと同じです。
シャボン玉の中、水球の中に生きている人類にとって、
その外なる世界のことは、
残念ながら、想像《そうぞう》の域《いき》を超えません。
人間の生きている世界は、
このように、閉《と》じ込《こ》められた世界なのです。

根本仏《こんぽんぶつ》の念《おも》いによって現象化《げんしょうか》した世界

現代《げんだい》の宇宙物理学では、

「この宇宙は、はるかなる昔に起きたビッグバンによって始まった」

という説が唱えられており、

「百五十億年ほど昔に、宇宙のある点が爆発《ばくはつ》して、無限《むげん》に広がった。

そうして現在の宇宙ができたのだ」
というようなことが言われています。
私の著書《ちょしょ》『太陽の法』（幸福の科学出版刊）では、
それは四百億年ほど昔の話であるとも書いてあります。

もっとも、
「約百五十億年前に、
面積もなく、位置もない、ある一点が、
無限に広がって宇宙ができた」という、ビッグバンの考え方には、
理論的《りろんてき》に無理があるという批判《ひはん》もあります。
それを緩和《かんわ》するために、
「単なるビッグバンによって宇宙ができたのではない。

この宇宙はインフレーション宇宙なのだ。

この宇宙は、初期に急激《きゅうげき》に膨張《ぼうちょう》し、ビッグバンが起こり、その後も膨張を続けて大きくなったものである」とか、「一直線の膨張ではなく、『ゆらぎ』があったのだ」とか、宇宙物理学者は、さまざまに説明しています。

しかし、肝心《かんじん》のところは何も分かっていないと言うべきであり、ごまかしがあると考えるべきでしょう。

根本仏《こんぽんぶつ》の世界から見れば、
その、無限に膨張し、インフレーションの中にある宇宙も、小さな小さな水玉にしかすぎないのです。
その水玉が、どのようにしてできたのかということを、

その中にいる、小さな小さな生物が、
自分のことを「神に近い頭脳《ずのう》を持つ存在」のように思って、
いろいろと考えているのです。

宇宙は無限です。
宇宙は、無限の昔からあり、
無限の未来にもあります。
なぜなら、宇宙は根本仏の念《おも》いの中に存在しているからです。
根本仏の念いによって、
この三次元世界は現象化《げんしょうか》し、具象化《ぐしょうか》したのです。
そして、この三次元世界が、
根本仏、根本神の念いによってできたものであるからこそ、

その中にあるものすべて、生き物すべて、人類すべてが、
自らの中に、根本仏の光のかけらと言うべきものを持っているのです。

3　心の探究《たんきゅう》の方法――愛と無我《むが》

自他の壁《かべ》を取り除《のぞ》く

心の探究《たんきゅう》とは、
それぞれの人の中にある、
光の粒子《りゅうし》、根本仏《こんぽんぶつ》の光のかけらを見つけることにほかなりません。
その方法は二つあります。

一つは実践《じっせん》の論理《ろんり》です。
自と他を分け隔《へだ》てている壁《かべ》を取り除《のぞ》き、
「自と他は一体である」と知ることです。
「自分」と「他人」とに分かれて見えても、
「ある国民」と「別の国民」というように見えても、
あるいは、白人、黄色《おうしょく》人種、黒人など、
さまざまな種類の人間があるように見えても、
実は、「人類よ、あれ」という、大きな大きな念《おも》いが、
プリズムの七色の光のように分かれて、
いろいろな人間ができているにすぎないのです。
その事実を知ったときに、自他は一体になります。
その「自他一体」を悟《さと》ったことを表す行為《こうい》が、愛の行為であるのです。

愛とは、
他人に尽《つ》くすことです。
人に与《あた》えることです。
それは「無償《むしょう》の愛」と言うべきものです。

この「与える愛」の中には、
他人を自分と同じように愛する思いだけでなく、
他人をよりよく愛する思いも必要です。
自分自身を「よりよくなれ」と思うように、
他の人々が生きている社会や、他の人々の存在《そんざい》についても、
「よりよくなれ」と思うことが大切です。

これが「生かす愛」といわれるものです。

そして、個性《こせい》ある数多くの存在が共同生活を行《おこな》っているために、
さまざまな、ぶつかり合い、いがみ合い、意見の衝突《しょうとつ》、
不平不満、愚痴《ぐち》、足ることを知らぬ欲望《よくぼう》、執着《しゅうちゃく》などが生まれてきますが、
これは、根本仏の心を想《おも》うことによって、超《こ》えていくことができるのです。

この、自他の壁を超えていったとき、
そこに、「許《ゆる》し」というものが発生してきます。
それが「許す愛」です。
ゆえに、「許す愛」というのは極《きわ》めて宗教的《しゅうきょうてき》な愛なのです。
深い深い心を持っていなければ、

自我と自我のぶつかり合いを超えることはできません。
人間は、「生かす愛」において、
善悪《ぜんあく》の違《ちが》いを教え、悪を正し、善を推《お》し進めることが大事です。
そして、一段《いちだん》と大きな境地《きょうち》になったときに、
善悪の彼岸《ひがん》を超えて許し合える世界を求めることができるようになります。
それが宗教的なる悟りです。

そして、さらにその奥《おく》にある境地は、
地上に生まれた自分が、
仏神《ぶっしん》の手足となり、仏神そのものの光の一部となって、
世を照らしていこうとする心です。
時代を照らしていく心、時代をさわやかに駆《か》け抜《ぬ》けていく心です。

この世に執着を持つのではなく、
この世を照らすことのみに自分の人生を使い切る心です。
そのような生き方を、私は「存在の愛」と名付けました。
それは、光がそこに存在するかのような生き方です。
仏《ほとけ》がそこに存在し、神がそこに存在するかのような生き方であり、
一歩引いても、
仏神の一部が、その時代、その地域《ちいき》に存在するかのような生き方です。
それが「存在の愛」の考え方です。

このような、実践の原理としての愛の考え方において、
人は自他の垣根《かきね》を超えることができるのです。

心の内なる宇宙《うちゅう》に穿《うが》ち入《い》る

心の探究のもう一つの方法は、
自と他の関係、自分対世界の関係ではなく、
自分自身の内に穿《うが》ち入《い》り、
「内なる宇宙《うちゅう》」というものを見つめることです。
自分の内にある、無限《むげん》の世界に通じる部分を発見することによって、
深い深い悟りというものが現《あらわ》れてきます。

では、その無限なる自己《じこ》の内を探究するには、
どうすればよいのでしょうか。

それは、

この世において受けた教育や訓練というものが、
あくまでも、この世の世界において
数十年の人生をよりよく生きるための方便《ほうべん》であることを知り、
自我の殻《から》を意図的に脱《ぬ》いで、
自分の内なる深い世界に入ることです。
これが、仏教で言う「無我《むが》」の世界です。

しかし、日常生活《にちじょう》を送りながら、
この無我の世界に入ることは極めて困難《こんなん》です。
そのため、禅定《ぜんじょう》、あるいは瞑想《めいそう》というものをするわけです。
この世的なる活動を止《と》め、
雑然《ざつぜん》とした心の動きを止め、

穏《おだ》やかな湖面のような心となって、
瞑想の状態《じょうたい》、限りなく無我の状態に入っていきます。

自我が固まっている状態というのは、
ちょうど、湖面に大きな波が立って、
その波が個性を持っているように見える状態なのです。
これに対して、無我の状態というのは、
その大きな波が静まって、
湖面そのものが一体となり、一つとなるような、
そうした澄《す》みきった状態です。
湖面のさざなみの一つひとつが個人の自我なのです。
この自我の部分を鎮《しず》め、無我の世界に穿ち入り、

そして、凪《な》いだ心の中に、限りない深さを見ていくとき、
その湖の中に、仏の創《つく》った宇宙が見えてきます。
四次元、五次元、六次元、七次元、八次元、九次元の各世界、
そして、それ以上の世界へと通じる部分が見えてきます。
けれども、それが見えているうちは、
まだ、「自分」という個が残っているのです。
もう一段、境地が進んでいくと、
自分自身が宇宙の一部であり、
宇宙の構成《こうせい》要員であるということが分かってきます。

自分の心の中の宇宙を眺《なが》めていくうちに、
「自分もまた宇宙の一部であるのだ。

仏神の念いを受けて、宇宙を形あらしめている、光の粒子の一つなのだ。
他のものもまたそうである。
この地上世界もそうである。
四次元、五次元、六次元等、
人間が死後に行くといわれる、あの世の世界もまた、
仏や神の念いの世界の表れである」
ということが分かります。

仏神は光です。
光は、あるときは粒子として顕《あらわ》れ、あるときは波として顕れます。
光が粒子として顕れたとき、そこに物質《ぶっしつ》が出現します。
光が波として顕れたとき、それは想念《そうねん》、念いの作用としてのみ存在します。

仏神の心というものは、
凝縮《ぎょうしゅく》されて一点となれば物質となり、
それが人間となり、地球となり、三次元宇宙となります。
仏神の心が、
凝縮された粒子というかたちではなく、波として顕れたときには、
想念の波動《はどう》として、念いとして、宇宙を飛《と》び交《か》う電波としてのみ存在します。
これが大宇宙の秘密《ひみつ》なのです。

4　悟《さと》りという名の最高の幸福

宗教《しゅうきょう》の世界は、

実は、最先端《さいせんたん》の科学をも超《こ》えた世界なのです。
それは真実の科学の世界でもあります。
内なる宇宙《うちゅう》の世界へ、
心の中なる宇宙の世界へ、穿《うが》ち入《い》ることが大事です。

まず、愛の原理によって、
自と他の垣根《かきね》を超えましょう。
それは、みなさん一人ひとりが他と一体となることです。

さらに、無我《むが》という手法《しゅほう》によって、
つまり、仏教的無執着《ぶっきょうてきむしゅうじゃく》の方法によって、
深い深い心の内に、仏《ほとけ》の心に、入っていきましょう。

そのときに、みなさんと宇宙は一体です。
宇宙はみなさんであり、みなさんは宇宙です。
その境地《きょうち》に達したときに、
この世における最高の幸福を味わうことができるのです。
そして、その幸福は、長く消えることがないでしょう。
長く長く、深く深く続くことでしょう。

その、悟《さと》りの幸福を得ることを目的として、
人間は、この世に幾《いく》百回、幾千回と転生《てんしょう》を繰《く》り返しているのです。
悟りという名の最高の幸福を得たならば、
この世のつまらない幸福感などは、すべて消えていきます。
悟りの幸福の前には、この世的なる栄華《えいが》も、

春の淡雪《あわゆき》となって消えていくでしょう。

すべての人は、幸福になることができます。
心というものを知ることによって、
心の中の宇宙を悟ることによって、
幸福になることができます。
そうした、心の中の宇宙を解《と》き明かすために、
私は、さまざまな方便《ほうべん》を使って、さまざまな教えを説き続けています。

心の中の宇宙を求めてください。
真なる幸福が、そこに現《あらわ》れてくるはずです。

第１章　世界宗教《しゅうきょう》入門

――「地球人」へのパラダイムシフト

写真はブラジルでの著者講演会（2010年11月14日クレジカードホール）の様子

1 日本に宗教的《しゅうきょうてき》な精神革命《せいしんかくめい》を

ブラジル国民の信仰心《しんこうしん》の高さを感じた「ブラジル巡錫《じゅんしゃく》」

私は二〇一〇年十一月にブラジルへ伝道に行き、一週間ほどの間《あいだ》に五回の説法《せっぽう》を行いました（『大川隆法 ブラジル巡錫《じゅんしゃく》の軌跡《きせき》』〔幸福の科学出版刊〕参照）。

ブラジルの公用語であるポルトガル語には、毎月、幸福の科学の月刊誌《げっかんし》が翻訳《ほんやく》されていますが、私の著書《ちょしょ》は、まだ十冊程度《さっていど》しか翻訳されていません。ところが、私の説法を聴《き》くブラジルの人々の意識《いしき》は非常《ひじょう》に高く、私も驚《おどろ》くほどでした。

ブラジルは、日本にとって、ちょうど地球の反対側であるにもかかわらず、質《しつ》疑応答《ぎおうとう》で出てくる質問や、私の説法に対する感想などを見ると、「日本国内と変わらないか、ある意味では、日本国内をはるかに超《こ》えているのではないか」と思われる面もありました。それは一つの驚きでもあったのです。

私の著書は、日本国内では、すでに八百冊以上出ているので（二〇一一年十二月時点）、知識の量の問題だけではないものがあることを、私は感じ取りました。それは、おそらく、ブラジルの国民性《せい》の中にある、信仰心《しんこうしん》の高さだと思うのです。スタート点の高さがあるように感じました。

日本では、まだ、無神論《むしんろん》や唯物論《ゆいぶつろん》など左翼《さよく》的な考え方が非常に強いので、日本で私が話をすると、説法そのものがマイナスからのスタートになり、ゼロ以下、海面以下から仕事を始めなくてはいけないことが多く、ものすごい力が要《い》ります。

しかし、すでに信仰心が高い所で説法をすると、話の通りがとてもよいのです。これについては驚きを隠《かく》せませんでした。

ブラジルは、国民の八割《わり》がキリスト教のカトリックで、ある程度、カトリックの教えが浸透《しんとう》している国なのですが、そこに初めて乗り込《こ》んでいって話をしても、幸福の科学の基本《きほん》的な教えが通じることを見て、私は、ある意味での驚きを隠せなかったのです。

幸福の科学の信者だけではなく、一般《いっぱん》の人にも私の法話《ほうわ》が通じました。初めて私の説法を聴く人が多い会場であっても、一度の話で聴衆《ちょうしゅう》の八割ぐらいが当会の会員になってくださるところも多かったのです。

それを考えると、「私たちには、まだまだ、努力しなければいけない余地《よち》が大きいのだな」ということを感じる次第《しだい》です。

「宗教《しゅうきょう》に対する先入観」が壁《かべ》になっている日本

当会の国際《こくさい》本部の職員《しょくいん》は、日本国内だけではなく海外も含《ふく》め、「当会の伝道においで最も難しいのは、実は日本とアメリカと韓国《かんこく》だ」と言っていました。

日本には、前述《ぜんじゅつ》したように、宗教《しゅうきょう》を悪く見たり、低く見たりする傾向《けいこう》がかなりあります。そのため、最初に「宗教」と言うと、マイナスのイメージ、あるいは拒否感《きょひかん》を持たれてしまい、伝道には、なかなか時間がかかります。ちょうど地下のトンネルを掘《ほ》っているような難しさがあるのです。

アメリカの場合には、もちろん、「キリスト教国である」ということもありますが、おそらく国民が自分たちの文化的優位《ゆうい》性を自覚しているために、「東洋の教えには、すんなりとは帰依《きえ》したくない」という面が一部あるのではないかと思います。それでも、当会の会員は、アメリカでもかなり多くなってきています。

韓国の場合には、おそらく政治絡《せいじがら》みの問題もあるのだと思います。「韓国の国民には、政治的に日本に対するマイナス感情《かんじょう》があるため、日本発の宗教である幸福の科学の伝道がやや難しくなっている」というような話を聞いています。

私は日本で数多く説法をしていますが、ある意味では、「最も難しいところの一つで説法をしている」ということになるので、「撃《う》てども撃てども、なかなか弾《たま》が届《とど》かない」という面はあります。

日本人には、素直《すなお》に話を聴く前に、まず宗教に対する先入観があり、それが壁《かべ》のようになっています。「宗教を表の世界で扱《あつか》わないことが常識だ」というような考え方が日本にはあるのです。

それは、政治的に翻訳すると、北朝鮮《きたちょうせん》や中国にあるような、ある種の、宗教に対する壁に似《に》たものです。それほど厚《あつ》いものではないかもしれませんが、「日本には、少なくとも、透明ではない、視界《しかい》を遮《さえぎ》る何かが、まだ残っている」と思わざるをえません。

しかしながら、あの世は「ある」か「ない」か、事実は二つに一つです。

宗教が教えていることは何であるかというと、「この世を去った、あの世の世界は厳然《げんぜん》としてある。あの世の世界においては、神（あるいは仏《ほとけ》）といわれる存《そん》在《ざい》、および、神を助けている、天使といわれる存在がある。また、天国と地獄《じごく》という、大きく二つに分けられる世界がある」ということです。

これが世界の宗教では共通観念になっています。

そして、「この世を去って、あの世へ旅立つに当たり、その人の人生が、『天国へ行く人生であったか、地獄へ堕《お》ちる人生であったか』ということは、その宗教が決めている正しさに依《よ》る」ということになっています。

ところが、日本においては、そういう点を考えることなく、「人生は有限《ゆうげん》で、数十年のものだ」と思って生きている人が数多いのです。これは、おそらく「教育」と「マスコミの論調」によるものであろうと思います。

日本には「新しい教えを発信する国」としての責任《せきにん》がある

私は、以前から、「革命《かくめい》」という言葉を数多く使ってきました。私の考えている革命は、もちろん、武力《ぶりょく》的な革命ではありませんが、「精神《せいしん》的な革命がなされないと、この国のあり方は、正しいものにはならない」と思います。

この国から発信している、私の教えは、今、世界九十カ国以上に広がっていますが（二〇一一年十二月時点）、このあと、百カ国、百五十カ国、二百カ国に広がっていくのは時間の問題です。もう数年か、十年の間に、そうなると思います。

したがって、私の法が説かれている、この日本の地には、少なくとも、それ相応の覚悟《かくご》と責任《せきにん》が伴《ともな》うのではないでしょうか。

この法が説かれている日本の国において、「不信仰の状態《じょうたい》が当たり前である」というような国論を諸《しょ》外国の人が聞いたならば、本当に驚くでしょう。彼らは、まさか日本がそれほど宗教心の薄《うす》い国であるとは思っていないと思います。

私は、今、「日本には、新しい教えを発信する国としての責任がある。新しい教えを発信する国の責任として、日本は、その内容《ないよう》を世界の人々に伝えるに足る国でなければならない」と考えています。

日本での大講演会《だいこうえんかい》において、私は日本語で法を説いていますが、それは世界各地に同時中継《ちゅうけい》や録画中継をされ、世界各国の言葉に通訳されています。「私の法話を、通訳された言葉で聴いている人のほうが、日本語で聴いている人より、よく理解《りかい》できる」というような状態は、日本人にとって恥《は》ずかしいことです。

それほど、「日本人の頭の中には、真理とは逆《ぎゃく》の知識が入っている。真理とは正反対の〝常識〟なるものが、何十年かにわたり、日本人の頭の中で形成されてきた」ということだと思うのです。

何とかして、この国論を変えなければなりません。日本には宗教的な精神革命が必要なのです。

また、日本の政治のあり方を変えようとしても、同様の問題が生じています。

日本は、今、政治的危機《きき》に陥《おちい》っています。全体主義《しゅぎ》的な軍事的独裁《どくさい》国家の脅威《きょうい》に直面し、まるでヘビに睨《にら》まれたカエルのように立ちすくんでいます。

しかし、日本の国民の意識自体が、要するに、神仏《しんぶつ》やあの世を信ぜず、「人生は、この世限《かぎ》りだ」と思っているのであれば、北朝鮮の政治的指導者《しどうしゃ》たちや、中国の政治指導部である中国共産党《きょうさんとう》の人々と、そう大きくは変わらない面があるのではないでしょうか。

もちろん、中国や北朝鮮にも幸福の科学の会員はいます。今、彼らも命懸《いのちが》けで伝道をしています。「いつ、どのような危機が自らに及《およ》ぶか、分からない」という状況《じょうきょう》にあって、水面下で活躍《かつやく》しています。

そういうことを考えると、私は、今、「私の教えは、日本から発信する教えではあるが、地球規模《きぼ》で物事を考え、『正しさとは何であるか』ということを、よくよく考えた上で、発信しなければならない」と思うのです。

2　伝道は、人々を正しい道に導《みちび》く愛

各文明や各宗教《しゅうきょう》の中に流れる「一本の黄金《おうごん》の道」を見抜《みぬ》け

本章では、「世界宗教《しゅうきょう》入門」という大きなテーマを掲《かか》げています。あまりにも大きなテーマなので、新しい宗教が、そういうテーマに挑戦《ちょうせん》することは、無謀《むぼう》に見えるかもしれません。ただ、私は、それを、それほど難《むずか》しいことだとは思っていないのです。

世界は幾《いく》つかの国に分かれ、宗教の違《ちが》いによる戦争も起きています。それが、宗教を嫌《きら》う理由に使われることも数多くあります。例えば、キリスト教とイスラム教の対立や戦争を見ると、「宗教があるから、こういう戦争が起きるのだ」ということを、宗教嫌いの人は、すぐに言いたがります。

しかし、私は、「そういう対立は、宗教によって起きているのではなく、宗教の本来の姿《すがた》や意味が理解《りかい》されていないがために、すなわち、人間の認識力《にんしきりょく》の狭《せま》さゆえに起きているのだ。また、宗教について、人間が自分たち中心の理解をしているために、そうした違いが生じているのだ」と述《の》べたいのです。

また、今、地球上において、世界各国の法律《ほうりつ》や政治的信条《せいじてきしんじょう》などは違うでしょうが、大きな大きな歴史の中で見れば、そのようなものは、〝現在《げんざい》ただいま〟という、ほんの短い期間における、意見の違いにしかすぎません。

すべての文明は、あるときに起き、あるときに滅《ほろ》びています。いろいろな国に新しい文明が起きますが、その文明は、いずれ滅びます。そして、別の国に新しい文明が起き、それもまた滅びます。

世界を大きな目で見るならば、さまざまな地域《ちいき》や国に、新しい文明・文化が平等に起き、人々を幸福にしようとして引《ひ》っ張《ぱ》っています。

その中には、もちろん、文明実験的なものも数多くあるでしょうが、私は、「人類は、さまざまな試行錯誤《しこうさくご》を重ねながら、今日《こんにち》まで数多くの経験《けいけん》を積んできたのである」と考えています。

私は、過去《かこ》の人類の努力の成果を、虚《むな》しいものにしたくはないのです。いろいろなかたちの文明があったでしょう。いろいろなかたちの宗教があったでしょう。その違いばかりを強調するのは、間違いを含《ふく》んだ考えです。

その違いを考えるよりも、その中に流れている「一本の黄金《おうごん》の道」を、どうか見抜《みぬ》いていただきたいのです。そして、地球レベルで人々を導《みちび》こうとしているものの存在《そんざい》を、その教えを、感じ取っていただきたいのです。

第一に挙げるべきは「愛の教え」

地球レベルで人々を導こうとしている者の教えを、各文明や各宗教の中から見いだすとしたならば、そこに出てくるものは、いったい何でしょうか。

第一に挙げるべきは、やはり、愛の教えだと私は思います。

愛の教えは、現代的には、ともすれば、「男女の愛」「異性間《いせいかん》の愛」と捉《とら》えられがちです。しかしながら、私は、それでは十分ではないと考えています。

イエスは「神への愛」と「隣人愛《りんじんあい》」を説きました。「この世の中で最も大事な教えは何であるか」と問われたとき、彼は、「まず、汝《なんじ》の主《しゅ》なる神を愛せよ。次に、汝の隣人を愛せよ」と説きました。

このように、イエスは、「異性愛」や「近くにいる人への愛」以外のものを説きましたが、これだけではまだ十分でないように私には思えます。愛の教えの中には、もう一つ、大切なものが潜《ひそ》んでいるように感じられてならないのです。

その大切なものとは何でしょうか。

愛の中には、「ただただ人に対して優《やさ》しくする」という愛だけではなく、「人々を正しい道に導く愛」というものがあるのです。

真《しん》にあなたがその人を愛しているならば、あなたの隣人に対しても、あなたにとって見知らぬ人に対しても、あなたの身近な人に対しても、正しい道に入《はい》るように勧《すす》めることも愛なのです。そのことを知らなければなりません。


「あの世はない」ことを証明《しょうめい》できた人は、過去《かこ》、一人もいない

「正しい道に入る」とは、どういうことでしょうか。

「あの世がある」という世界観と、「あの世はない」という世界観とがあり、「この二つの選択肢《せんたくし》のうち、どちらを選ぶか」ということには、賭《か》けのような面

があるかもしれません。

しかし、私は、二〇一〇年には、百数十人の霊人《れいじん》の言葉を公開霊言《れいげん》などで紹介《しょうかい》し、霊言集を含む著書《ちょしょ》を一年間に五十冊《さつ》以上も刊行《かんこう》して、霊界《れいかい》の存在に関する数々の証明《しょうめい》を行いました。「死後、霊天上界《れいてんじょうかい》に還《かえ》り、生前と同様の個性《こせい》を持ったまま、この世の人たちを指導しようとしている人たちが、現に存在している」ということを、公開の場で数多く証明してきたのです。

これに対して、「信じるか、信じないか」ということは各人の自由ですが、少なくとも、百数十人の個性と、その教えの違いとを瞬時《しゅんじ》に使い分けられる人が、この世に存在するとは私には思えません。

「あの世があり、死後の世界がある」ということの証拠《しょうこ》は、いくらでも出すことができます。私は、それを今も出し続けていますし、今後も出すことができます。しかし、「あの世はなく、死後の世界はない。人間は魂《たましい》ではない」ということとを証明できた人は、過去《かこ》、一人もいません。それを私は指摘《してき》しておきたいのです。

あの世や魂の存在について、「私は信じない」と述べた人は大勢《おおぜい》います。それは、「信仰心《しんこうしん》を持っていない」という意味での信仰告白を、個人的にしているだけなのですが、その害毒によって数多くの人を迷《まよ》わせています。

しかし、「あの世の世界の存在を、まじめに真剣《しんけん》に訴《うった》えかけている人もいる」ということを、どうか忘《わす》れないでいただきたいと思います。その仕事が、みなさんが知っている数千年の歴史の中における、宗教家の尊《とうと》い仕事だったのです。

「今、宗教家は本来の姿を取り戻《もど》さなければならない」と私は思っています。

この世に生きているかぎり、目には見えない霊的世界、あの世の世界を信じるのは難しいことですし、それを人々に信じさせる仕事も難しいことです。その難しい仕事をなしているのが宗教家です。

宗教家は、本来、人々から尊敬《そんけい》されるような立場にいなければいけないのです。日本人が、教育やマスコミ宣伝《せんでん》などによって、宗教を悪《あ》しきもののように何十年も教え込《こ》まれていたならば、その壁《かべ》を破《やぶ》るのも、また、私たち幸福の科学の仕事であると思っています。

日本を「精神性《せいしんせい》や霊性《れいせい》の高い国家」に戻《もど》したい

霊界の存在は、「やがて来る、その人の最期《さいご》の日」に明らかになる事実ではありますが、私たちは、同時代に生きている人たちが、将来《しょうらい》、苦しみの世界に還っていくことを、よしとはしていないのです。

苦しみの世界に還った人たちに対して、天使たちや、天使たちを補助《ほじょ》している霊人たちが、あの世で一生懸命《いっしょうけんめい》に説得している姿を見るにつけても、私は、「この世に生きている人たちが行うべき仕事は、まだまだ数多く残っている」ということを訴えかけたいと思います。

私の「大悟《たいご》」より、すでに三十年近い歳月《さいげつ》が過《す》ぎました。この間《かん》、一貫《いっかん》して、私は自分の使命を果たし続けてきたつもりです。されど、「まだ本来の使命までは届《とど》いていない」ということを強く強く感じている次第《しだい》です。

「世界の人々にも真理を宣《の》べ伝えたい」と強く強く願っていますが、それにつけても、「この日本という国を根本《こんぽん》から変えていかなければならない。日本を根本的に変えて、精神性《せいしんせい》や霊性《れいせい》の高い国家に戻《もど》さなくてはならない」と思っているのです。

私は、繰《く》り返し、人々に愛の教えを説いてきましたが、私が本章でまず述べたいことは、「あなたが人生の途上《とじょう》で出会う人を、正しい道に導くことも愛なのです」ということです。その一言《ひとこと》を知っていただきたいのです。

伝道は、「愛・知・反省・発展《はってん》」という、当会の基本《きほん》的な教えである「四正道《よんしょうどう》」

のうち、今までは、「発展」の教えとして、よく説かれていました。

しかし、伝道は「発展」だけではありません。それは、教団《きょうだん》としての発展、組《そ》織《しき》としての発展だけを目指す運動ではないのです。「人を正しい道に入《はい》らせる」ということは、「人を救う」ということ、「その人の魂を、その人生を、無駄《むだ》にしない」ということでもあります。それを述べておきます。

3 「正しい信仰《しんこう》」の立場に立つ

人類に対する「ザ・ファイナル・ジャッジメント」とは

前述《ぜんじゅつ》したように、イエスは、「最も大事な教えは何であるか」と訊《き》かれて、まず、「汝《なんじ》の主《しゅ》なる神を愛せよ」という教えを挙げました。これは、日本人にとって、遠い世界の教えかもしれません。

しかし、私は、そういう日本人に対して述《の》べましょう。

仏教《ぶっきょう》やキリスト教、イスラム教は、何億、何十億の人々に信仰《しんこう》を弘《ひろ》め、すでに世界宗教《しゅうきょう》になっています。現代《げんだい》に生まれたる者である私が、「それらの宗教を、かつて霊天上界《れいてんじょうかい》において指導《しどう》した」と言っても、確率論《かくりつろん》的に見れば、そう簡単《かんたん》に信じられるものではないことぐらい、私は十分に知っています。

しかし、「事実は事実、真実は真実」です。

私は、霊天上界において、「エル・カンターレ」という名で存在《そんざい》し、仏教やキリスト教、イスラム教の開祖《かいそ》たちを指導したのみならず、彼らをこの地上に派遣《はけん》した者なのです。そして、彼らをこの地上に派遣し、世界宗教をつくらせたる者自身が、今、日本の国に生まれ、最終責任《せきにん》を果たそうとしているのです。

「私の教えを、日本の人々が信じるか。あるいは世界の人々が信じるか」ということが、人類に対する、「ザ・ラスト・ジャッジメント」「ザ・ファイナル・ジャッジメント」（最後の審判《しんぱん》）です。今、それを人類に問いかけています。

私は今世《こんぜ》において三十年近く活動してきましたが、私の活動期間は、まだ、もう少しあります。その間《かん》に、この教えが人類を教化《きょうけ》することができるか。それとも、「そんなものは信じられない」という人によって抹殺《まっさつ》され、封印《ふういん》されてしまうか。その戦いが、今、世界規模《きぼ》で始まろうとしています。結果は、どちらかになるでしょう。

されど、私自身の教えは、今世のみ、今回のみの、同時代で聴《き》いている人たちのためだけの教えでないことも事実です。

今、生きている人々も、いずれは、この地上を去りますが、そのあと、何らかのかたちで生き延《の》びる人類も世界各地にいることでしょう。その未来の人類のためにも、私は教えを遺《のこ》そうとしています。未来の人たちにも、この教えを遺さなくてはならないのです。

かつての仏教やキリスト教、イスラム教は、二十一世紀以降《いこう》、三十世紀、四十世紀の時代を生き抜《ぬ》いていく指針《ししん》として十分ではありません。今、新しい教えが、人類の未来への指針として、説かれなければならないのです。

未来は、この私の教えの上に築《きず》かれていきます。この言葉の上に未来の文明は築かれていきます。

すべてが失われても、この言葉が遺るかぎり、人類に希望は残ります。

ギリシャ神話では、「パンドラの箱を開けたとき、ありとあらゆる悪《あ》しきものが、そこから外に出た。しかし、箱の底には、最後に『希望』が残っていた」と言われています。

その「希望」に当たるものが私の言葉です。この言葉の上に、人類の未来は、必ずや築かれていくことになるでしょう。

わが教えを、子子孫孫《ししそんそん》に、そして全世界に伝えよ

私は、当会の信者のみなさんに、人々を正しい道に誘《いざな》うように要請《ようせい》したいと思いますが、それ以上に大切なこと、最終的に大切なことは何であるかというと、この教えを子子孫孫《ししそんそん》に伝え、万里《ばんり》の波濤《はとう》を乗り越《こ》えて全世界に伝えることです。

私の教えを全世界に伝えておけば、その真理は、必ず、どこかから火を噴き、大きく広がっていきます。

どの国から世界が救われようと構《かま》わないのです。「発祥《はっしょう》の地の日本ではなく、他《た》の国から世界が救われる」ということもあるでしょう。

私は日本でもう二十数年も法を説いていますが、今、信者数では、インドがどんどん日本を追い上げてきています。いずれはインドのほうが日本より多くなると思います。「数年中にそうなるのではないか」とも言われています。

インドの人たちは「仏陀再誕《ぶっださいたん》」の事実を受け入れましたが、日本の人たちは、それをまだ十分には受け入れていません。

私は、この二十数年間で千六百回以上も説法《せっぽう》をしてきましたが（二〇一一年十二月時点）、それらの説法は、すべて経典《きょうてん》として出され続けています。

「こういうことができるのは仏陀以外にいない」ということを知っていただきたいと思います。「教えがすべて経典となって遺っていく」ということを実践《じっせん》できた人は、かつて仏陀しかいないのです。

私の説く法は、すべて、編纂《へんさん》され、大蔵経《だいぞうきょう》、仏典《ぶってん》として遺っていきます。

私の著書《ちょしょ》は、二〇一〇年には、書店売りだけで五十冊《さつ》以上、内部向けのものを含《ふく》めると六十冊以上も出ました。普通《ふつう》の人には、このようなことはできません。

今、明らかに、天上界の力が結集して、何かを人々に示《しめ》そうとしているのです。

目覚めていない政治《せいじ》に対し、目覚めていない経済《けいざい》に対し、目覚めていない文化に対し、目覚めていない学問に対し、私は警鐘《けいしょう》を鳴らしています。「新しく目覚めなさい。気づきなさい」ということを伝え続けているのです。

あの世に持って還《かえ》るべきものは「正しい信仰《しんこう》」しかない

当会の信者のみなさんが伝道の場に臨《のぞ》んでも、まだまだ信仰《しんこう》に対する壁《かべ》は厚《あつ》いでしょう。弾《はじ》き返されることも、嘲笑《あざわら》われることも、数多くあるでしょう。

しかし、怯《ひる》んではなりません。天上界の高級諸神霊《しょしんれい》、そして、地球最高大霊《たいれい》であるエル・カンターレが、みなさんのそばに立ち、みなさんの味方であるならば、恐《おそ》れるものなどありません。

私は、「この地上を去ってのち、あの世に持って還《かえ》れるものは心一つしかない」と、繰《く》り返し説いてきましたが、近年では、さらに、「あの世に持って還るべきものは正しい信仰しかない」とまで、はっきりと言い切っています。

この「正しい信仰」は、仏教でいえば、「釈迦《しゃか》の八正道《はっしょうどう》」の最初の項目《こうもく》である「正見《しょうけん》」です。これは、「正しい信仰の立場に立つ」ということなのです。

「正しい信仰」の立場に立たなければ、世界は違《ちが》ったもののように見えてしまいます。善悪《ぜんあく》も人の評価《ひょうか》も、違ったように見えるため、本当に人々のために行《おこな》っている愛の行為《こうい》が悪の行為に見え、悪《あ》しき行為が善の行為に見えてしまいます。

「正見」の立場は、「正信《しょうしん》」、すなわち、「正しい信仰」の立場でもあり、「正しい信仰」があって初めて、「正しい観察」「正しい洞察《どうさつ》」もできるのです。

4　やがて宇宙《うちゅう》の人々との交流が始まる

本章の2節で述《の》べたように、私は、長年、霊界《れいかい》の存在証明《そんざいしょうめい》をしてきました。

世界の人々は、今、それを受け入れつつあります。それを吸収《きゅうしゅう》し続けています。それを受け入れるのに、日本では、これほど時間がかかっているにもかかわらず、世界の人々においては、まだ私が一度も行《い》ったことのない国の人たちまでもが、この教えを吸収してくれつつあるのです。

さらに、日本人には、もう一つ、盲点《もうてん》、見えていない面があります。日本の文化人や知識人《ちしきじん》の中には、霊界を信じることを、ばかばかしく、狂《くる》ったことであるかのように言う人が数多くいますが、宇宙人《うちゅうじん》の存在に関しても、同じことを言う人が大勢《おおぜい》います。

夜の星空を見上げると、われわれが住む銀河系《ぎんがけい》ぐらいの規模《きぼ》の銀河は、数えることができないほど数限《かずかぎ》りなくあります。その数を確定《かくてい》することなどできません。「それだけ数多くある銀河の中で、人類のような存在は、この地球だけにしかいない」と考えることこそ、まことにまことに異質《いしつ》で異常《いじょう》な〝信仰《しんこう》〟と言わざるをえないでしょう。もっと強く言うならば、あまりにも傲慢《ごうまん》な考え方だと私は思います。

「宇宙には、何億個《こ》、何千億個、あるいは、それ以上の星があるでしょうが、その中に、地球のような星はただ一つしかなく、人類は地球人だけだと思っているなら、その考え方は間違《まちが》っています」と私は述べたいのです。

他《た》の星にも人類同様に知能《ちのう》の発達した人たちは住んでいて、この地球よりも、はるかに進んだ文明の中を生きている人たちもいます。地球より優《すぐ》れた文明の中で生きていなければ、はるかなる時空間を超《こ》えて地球にやってきたりすることはできないはずです。

今、彼らは数多く地球に来ています。現在《げんざい》、二十種類以上の宇宙人が地球に飛来してきており、地球人が宇宙時代に突入《とつにゅう》するのを待っているのです。

人類は、今、宇宙ロケットを発射《はっしゃ》し、宇宙に進出しつつあります。もう少しで、地球人は宇宙人と対等の立場で交流ができるようになります。そのときが来るのを、宇宙人たちは、かたずをのんで待っているのです。

したがって、宇宙の人たちとも話し合えるレベルまで、人類の文化レベルを進化させることも、私の使命の一つです。

そのような時期にあって、「私の教えの発信地である日本が、教えを伝えている相手である諸《しょ》外国から見て、実に情《なさ》けない状態《じょうたい》である」ということを述べなくてはならないのは、とてもつらいことです。

私は「宇宙の法」を二〇一〇年から説き始め、今後も説いていきますが、それによって、宇宙の人たちと対話や文化交流ができる基礎《きそ》をつくろうとしているのです。

これについても、現代人は、そう簡単《かんたん》に受け入れることはできないと思います。

しかし、現在、すでに数多くの宇宙人が地球に来ています。また、過去《かこ》の文明において地球に入り込《こ》み、もはや地球人として住んでいる宇宙人も大勢いるのです。

その実態を私は二〇一〇年から明らかにし始めています。これを、今後、もっともっと分かりやすいかたちで、人々の前に明らかにしていこうと考えています。

あの世の証明だけでも、これほど大変なのに、さらに、「宇宙の人々、スペース・ブラザーズたちとの交流が、やがて始まる。そういう時代が近づいている」ということにまで言及《げんきゅう》して、私は警鐘《けいしょう》を鳴らしているのです。

これを伝えるのは、たいへん勇気の要《い》ることだと思います。しかし、乗り越《こ》えなくてはなりません。

「未来への遺産《いさん》のために、将来《しょうらい》の人類が生き延《の》び、生き残るために、これを伝えていかなくてはならない」と、私は強く強く願っているのです。

5 「新しい地球人」として目覚めよう

本章で私が述《の》べたかったことは、まず、「愛という教えの中に、『正しい信仰《しんこう》に誘《いざな》う』という意味を、どうか含めていただきたい」ということです。

それから、日本人にとっては苦手なことではありますが、「あなたがたの主《しゅ》なる神を愛することは、あなたがたが、主なる神と一体となることである」ということを伝えておきたいと思います。「主なる神を愛することは、あなたがた自身を愛することと同じなのだ」ということを知っていただきたいのです。

さらに、「われわれは、宇宙《うちゅう》の中に浮《う》かぶ小さな地球に住む、小さな生命体ではない」ということと、「宇宙には、神に対する信仰心を持った人たちが数多く存在《そんざい》している」ということを述べておきます。

宇宙人は、やがて実在化して地球人の前に姿《すがた》を現《あらわ》し、地球人に交流を求めてくるでしょう。そのときは迫《せま》っています。そのときのために私は教えを説いているのです。

この話を嘲笑《あざわら》う人もいるでしょう。しかし、嘲笑う前に、どうか、心を開き、素直《すなお》な心でもって受け入れてください。こういうことは今までに学んだことがないはずです。知らないだけなのです。知らないことによって善悪《ぜんあく》を裁《さば》くのはやめましょう。真偽《しんぎ》を裁くのをやめましょう。

そして、未知なるものを受け入れましょう。「未知なるものの中に未来は確《たし》かに開《ひら》けていくのだ」ということを、どうか信じていただきたいのです。

それが、私が本章で説きたい「世界宗教入門《しゅうきょう》」という話でもありますし、「地球人へのパラダイムシフト」、すなわち、「地球人としてのものの考え方を根本的に変えよ」というメッセージでもあるのです。

どうか、「新しい地球人」として目覚めようではありませんか。そして、未来の人類のために立ち上がろうではありませんか。

頑張《がんば》ってまいりましょう。

第2章　霊界《れいかい》と奇跡《きせき》

――信仰《しんこう》があれば異次元《いじげん》パワーが働く

1 宗教《しゅうきょう》に起きた、さまざまな奇跡《きせき》

数多くの奇跡《きせき》が幸福の科学で起きている

私は、二〇一一年の二月から三月にかけて、インドとネパールで計四回の英語説法《せっぽう》を行いました（『大川隆法 インド・ネパール巡錫《じゅんしゃく》の軌跡《きせき》』〔幸福の科学出版刊〕参照）。

インドのブッダガヤでの説法の際《さい》には、「長年、筋萎縮症《きんいしゅくしょう》で動かなかった手が、大川総裁の説法を聴《き》いているうちに動くようになりました」という人が出てきて、その人は奇跡《きせき》の実証者《じっしょうしゃ》になりました。私は、それを意図しておらず、病気を治すつもりで説法をしていたわけではないのですが、何年も動かなかった手が急に動くようになった人がいるのです。

幸福の科学では、病気が治る奇跡はよくあるのですが、最近、それが特に多くなってき始めており、「信者のみなさんの信仰心《しんこうしん》が上がってきつつあるのかな」と感じています。

私は、以前から、「信者の信仰心が高まれば、今の百倍ぐらいは奇跡が起きます」と言っていたのですが、じわじわと奇跡の発生率《りつ》が高まってきています。

二〇一一年四月十七日に、私が、福岡《ふくおか》県の小倉支部《こくらしぶ》精舎《しょうじゃ》で、本章のもととなる説法を行った際にも、その前日には、「小倉支部の信者で、午後、クモ膜下出血《まくかしゅっけつ》の症状《しょうじょう》に陥《おちい》って緊急《きんきゅう》入院し、生死の境《さかい》をさまよっていた人が、当会の祈願《きがん》によって一命を取りとめ、その日のうちに退院《たいいん》した」という奇跡が起きました。

これは、まことに本人の信仰心の賜物《たまもの》であろうと思います。

このように、最近、当会では、病気が治る奇跡が流行《はや》っていて、数多くの事例が出てきています。

さらに、東日本大震災《だいしんさい》においても数多くの奇跡が起きました。あれだけ大規模《きぼ》な地震や津波《つなみ》等によって、約一万六千人が亡《な》くなり、行方《ゆくえ》不明者は約四千人とされています（二〇一一年十一月時点での警察庁《けいさつちょう》の発表による）。

私が最初に受けた報告《ほうこく》では、当会の信者で亡くなった方は二人、行方不明者が二人とのことでしたが（最終的には死者八人）、その亡くなった方と行方不明の方は、家族の勧《すす》めで会員にはなったものの、活動には反対していた人だったそうです。

「家族の中で、活動に熱心だった方は生き残り、それに反対していた方が亡くなった」ということなので、怖《こわ》いような、何とも言えないものがあります。

ただ、こういう言い方は不謹慎《ふきんしん》かもしれませんが、今回の大震災で亡くなった当会の信者の数があまりにも少なすぎるので、私は驚《おどろ》いたのです。被害《ひがい》の大きさから見ると、当初は、「亡くなった信者は千人を超《こ》えるのではないか」と思い、心を痛《いた》めていたのですが、死者の数は予想より大幅《おおはば》に少ないものでした。また、教団《きょうだん》の建物は、全部、震災後も使えています。一カ所だけ、賃貸《ちんたい》の建物に入っていた支部が津波で浸水《しんすい》しましたが、それから約十日後の三月二十三日には、「大悟祭《たいごさい》」（私の大悟を記念する日に行われる祝賀行事《しゅくがぎょうじ》）を、そこで開催《かいさい》できているのです。信者のみなさんが頑張《がんば》って清掃《せいそう》作業等をしてくださったからですが、すごいものです。

私は、かつて、「われを信ずる者、百人あらば、その町に、壊滅《かいめつ》的天変地異《てんぺんちい》は起きまい」と述《の》べたことがありますが（『宗教選択《せんたく》の時代』〔幸福の科学出版刊〕第８章参照）、東北の被災地の中には、たまたま百三十人ぐらいの信者が住んでいた地域《ちいき》があり、その周りは津波で大きな被害を受けたのに、そこだけはほとんど被害がなかったそうです。

また、周りは家などが流されているのに、当会の信者の家の周辺にだけ、なぜか津波が来なかったケースもあります。

一方、当会の信者が全然いない地域もあり、そこは壊滅的状態《じょうたい》になっていたりするのです。

それ以外にも、「津波が反転して返っていった」「近くを通った津波が家の中に入ってこなかった」などという不思議な現象が、当会の信者には数多く起きています。

こういう奇跡の話を耳にすると、本当に力が出てきます。

それから、「車で逃《に》げていたところ、『車を捨《す》てろ』というインスピレーションが下りてきたため、車を捨てて土手を上がり、線路に出たら、地震で停車していた電車があり、車掌《しゃしょう》が『こちらに来なさい』と言うので、その電車に飛び乗った。まもなく津波が迫《せま》ってきて、その電車のすぐ近くにあった線路まで消失したものの、電車自体は津波に遭《あ》わずに済《す》んだ」という奇跡もあります。

そのような事例が続々と出てきたため、私は驚きを禁《きん》じえなかったのです。

歴史的に有名な「水に関係した奇跡《きせき》」

ただ、歴史的に見れば、このような奇跡《きせき》が起きることは、別に、おかしいことではありません。水に関係した奇跡は、歴史上、たくさん起きています。

例えば、『聖書《せいしょ》』には、イエスが湖の上を歩く話が出てきます。

また、「イエスと弟子《でし》たちが湖で舟《ふね》に乗っていると、嵐《あらし》が起き、風と波で舟が転覆《てんぷく》しそうになった。弟子たちがものすごく不安そうにしていたので、イエスが風と波を叱《しか》りつけたところ、風はやみ、湖面は凪《な》いでしまった」という話も出ています。「イエスが波を鎮《しず》めたため、弟子は驚いた」という話があるので、「波は鎮められる」と言えます。

それから、現代人《げんだいじん》は信じられないでしょうが、「出《しゅつ》エジプトのときに、モーセが紅海《こうかい》を二つに割《わ》った」という話は、有名すぎるぐらい有名です。

もっとも、現在《げんざい》の紅海は非常《ひじょう》に深いので、あの紅海ではないと思われます。おそらく、もう少し北のほうの、今は沼地《ぬまち》になっているあたりの話でしょう。そこでは、確《たし》かに、「激《はげ》しく東風《とうふう》が吹《ふ》いて水が割れる」という現象が起きるのですが、モーセが祈ったときに、それが起きたのではないかと思います。

また、二〇一一年に日本で公開された映画《えいが》「ナルニア国物語／第3章：アスラン王と魔法《まほう》の島」の最後のほうでは、「海岸で水が反転して壁《かべ》のようになり、その横を、ライオンの姿《すがた》をしたアスラン王などが歩いている」というシーンがありました。

この〝水返し〟は、けっこう、いろいろなときに起きるのです。

仏陀《ぶっだ》に関しても、「川の上を飛んだ」という伝説もあれば、「川幅の広い所でガンジス河《がわ》を真っ二つに割り、乾《かわ》いた砂地《すなち》の上を歩いて、向こう岸に渡《わた》った」という伝説もあります。

このように、水に関係した奇跡は『聖書』や仏典《ぶってん》に数多く出ているので、「水に関しても、何らかの奇跡が起きることはあるのではないか」と言えるでしょう。

今回の東日本大震災では、「津波が反転して、来なかった」「津波が自分の家の中にだけ入ってこなかった」などというケースが幾《いく》つも起きているので、「そういうことは、やはり、あるのではないか」と考えています。

今後、もし、当会の支部精舎などに津波が来たときに、修法《しゅうほう》「エル・カンターレ ファイト」を、「エル・カンターレ ファイト！ 修法〝波きりの術《じゅつ》〟！」などと言って行《ぎょう》じたら、嫌《いや》がって波がよけるぐらいのことは起きるかもしれません。その可能性《かのうせい》はあると思うのです。

『観音経《かんのんぎょう》』に書かれている奇跡《きせき》を実体験した日蓮《にちれん》

『法華経《ほけきょう》』の一部である『観音経《かんのんぎょう》』には、「火攻《ひぜ》めや水攻め、すなわち、火難《かなん》や水難から護《まも》られる」ということが書いてあります。つまり、「火事になっても死なない」「洪水《こうずい》などでも死なない」という御利益《ごりやく》が、『法華経』の功徳《くどく》の一つとして、『観音経』では触《ふ》れられています。

また、『観音経』には、「刀杖難《とうじょうなん》、すなわち、刀で斬《き》られようとしても、刀のほうが折れて、斬られずに済み、死なない」ということも書いてあります。

これについて、日蓮《にちれん》は、自分の身に実際に起きた奇跡《きせき》として言及《げんきゅう》しています。

『法華経』の行者《ぎょうじゃ》である日蓮は、竜《たつ》ノ口《くち》の刑場で斬られかけたことがあります。刑吏《けいり》が刀を構《かま》え、振《ふ》り下ろそうとする瞬間《しゅんかん》に、江《え》の島《しま》のほうから、当時の文献《ぶんけん》によれば、「光りもの」が鎌倉《かまくら》のほうに飛んだのだそうです。

この「光りもの」の正体は分かりません。まるでUFOのようにも感じられますが、「光りもの」としか書いていないのです。ただ、月のようなものが、江の島から鎌倉までの上空を飛んだらしく、「そのときに、振り下ろそうとした刀がバラバラに折れた」と書いてあって、日蓮を斬れなかったらしいのです。

この記述は日蓮の筆《ひつ》によるものなので、『観音経』にある「刀尋段段壊《とうじんだんだんね》」（刀がバラバラに砕《くだ》ける）という言葉に合わせて書いた可能性もあります。しかし、実際、日蓮が処刑《しょけい》されようとしていたのは事実なので、何らかの奇跡が起きたのだろうと推定《すいてい》されます。

それで、刑吏たちが日蓮を斬れず、「どうしようか」と思案しているときに、鎌倉のほうから幕府《ばくふ》の使者が来て、「待て。死刑ではなく、佐渡《さど》に流罪《るざい》とする。僧侶《そうりょ》を斬って祟《たた》りがあると怖いので、流罪に変える」と伝えたのだそうです。

これは、歴史的文献である、日蓮の書いた文章の中に出てくるのですが、『観音経』にある、「刀で斬られようとしても助かる」ということが実際に出てきています。

それから、キリスト教の『聖書』を読むと、イエスが亡くなったあと、イエスの弟子たちは、捕《つか》まって牢獄《ろうごく》に入れられたりもしていますが、「天使が救いに来て、その牢獄が開《あ》いて外に出られた。そして、町に通じる門がひとりでに開いていった」という奇跡が書かれています。

このように、いろいろな奇跡が起きる時代もあったのではないかと思います。

2　「救世主復活《ふっかつ》の奇跡《きせき》」の真実

〝バラバラ殺人〟から復活《ふっかつ》したオシリス

さまざまな奇跡《きせき》について述《の》べてきましたが、そのほかにも、取り上げてみたい奇跡があります。

一つ目は「オシリスの復活《ふっかつ》」に関する奇跡です。オシリス（オフェアリス）は、六千数百年前のギリシャに生まれ、当時、ギリシャの支配圏《しはいけん》に入っていたエジプトへ行き、王になった人です。エル・カンターレの分身の一人であり、九次元存《そん》在《ざい》です。

前述したように、二〇一一年四月十六日、小倉支部で、亡《な》くなりかけた方が一命を取りとめたころ、私はホテルにて霊言《れいげん》を一つ録《と》りました。

翌日《よくじつ》には、本章のもととなった「霊界と奇跡」という題の説法《せっぽう》をする予定だったので、その準備《じゅんび》の一つとして、エドガー・ケイシーを支援霊《しえんれい》にし、オフェアリス、すなわち、オシリスについて、「どういうかたちで生き返ったのか」という、オシリスの復活に関するリーディングを行ったのです。

オフェアリスは、エジプトではオシリスと言われています。その妻《つま》がイシスで、英語ではアイシスといいます。エジプト神話のイシス神です。

オシリスには外征《がいせい》が多かったのですが、彼が外へ出ていっている間《あいだ》に、実は、弟のセトに王の座《ざ》を乗っ取られていました。そして、オシリスが遠征から帰ってきたとき、宴席《えんせき》が設《もう》けられ、その宴会の場で、オシリスはセトの罠《わな》にかけられたのです。

つまり、宴会の座興《ざきょう》として棺桶《かんおけ》が用意されていて、「この棺桶のサイズにぴったり合う人がいたら、その人に、この棺桶をあげます」ということだったのですが、いろいろな人が入っても合いませんでした。

そこで、オシリスが入ってみたところ、ぴったりと大きさが合いました。もともと、そのようにつくられたものだったわけです。そして、オシリスが入ったあと、その棺桶は、蓋《ふた》をされ、釘《くぎ》を打たれて、オシリスが外に出られないようにした上で、ナイル川に流されたのです。

どうやら、その棺桶は今のシリア方面の沖《おき》まで流されたらしいのですが、それをイシスが捜《さが》しに行き、持ち帰りました。そして、そのイシスたちの努力によって、死体になっていたオシリスは生き返るのです。

ところが、「オシリスが生き返った。許《ゆる》せない」と考えた悪王のセトは、再《ふたた》びオシリスを捕《と》らえて殺し、今度は、「もう二度と復活できないように」と、オシリスの体をバラバラにして、それらを別々の所に埋《う》めたりさせました。「これなら復活しないだろう」と思って、そういう手段《しゅだん》を取ったのです。まるでバラバラ殺人事件《じけん》のようです。

しかし、バラバラになったオシリスの体の各部分を、イシスとその侍女《じじょ》や侍従《じじゅう》たちが捜し回り、それらを集めてきて、元の形、原形に戻《もど》しました。そして、その体に包帯を巻《ま》いたのですが、これが〝ミイラ〟の始まりです。

オシリスの体を人間の形に復元したあと、イシスたちは祈《いの》りました。

このあとは「宇宙人《うちゅうじん》リーディング」とも絡《から》んでくるのですが、当時、ベガ星から地球に来ていた宇宙人たちが、「ベガ・ヒーリング」という治療《ちりょう》法で助けてくれた面もあったようです。すなわち、バラバラになっていた体をくっつけて、オシリスを生き返らせてくれたのです。

今、当会には、病気を治すための祈願として、「スーパー・ベガ・ヒーリング」というものがあります。前述《ぜんじゅつ》した、クモ膜下《まくか》出血《しゅっけつ》の症状《しょうじょう》に陥《おちい》って亡くなりかけていた人に対しては、この「スーパー・ベガ・ヒーリング」が行われたそうです。オシリスの復活の際《さい》にも、ベガの人たちがオシリスの復活を助け、そのあと、オシリスはスーパーパワーとして復活しているのです。

ベガ星人の力によって復活《ふっかつ》したイエス

それから、「宇宙人リーディング」において、一回、話が出ているだけで、まだ少し詰《つ》めの研究が十分ではないのですが、イエスの復活《ふっかつ》にもベガ星人がかかわっているようです（『宇宙からのメッセージ』〔幸福の科学出版刊〕第3章参照）。

イエスが十字架《じゅうじか》上で死んだのは金曜日の午後です。午後三時ごろに息を引き取っています。イエスは十字架につけられたまま槍《やり》で脇腹《わきばら》を刺《さ》され、その体からは血と水が流れ出ました。そして、洞窟《どうくつ》の中に葬《ほうむ》られたのです。

そのイエスが復活したのは三日後の月曜日の朝です。

イエスの遺体《いたい》は洞窟の中に入れられ、入り口は大きな石で蓋をしてあったのですが、月曜日の朝、マグダラのマリアなど女性《じょせい》たちが墓《はか》を見に行くと、その蓋が開《あ》いていて、中に遺体がないので、「誰《だれ》かが私の主《しゅ》を取り去った」と言って、彼女たちは延々《えんえん》と泣きました。

そうしたところ、白い衣《ころも》を着た天使が彼女たちの近くに降《お》りてきて、「どうしたのですか」と訊《き》いたのです。マリアは、「誰かが私の主の遺体を持ち去ったらしいのです」と言いましたが、そのあと、後ろを振《ふ》り返ってみたら、そこにイエスが立っていたわけです。

「そんなばかな」と思うかもしれませんが、「イエスが復活したか否《いな》か」ということは、実は、キリスト教の成立には極《きわ》めて重要な影響《えいきょう》があるのです。

イエスは、この世で三十三歳《さい》まで生き、三十歳からの三年間、伝道をしましたが、やがて、二人の犯罪人《はんざいにん》と一緒《いっしょ》に十字架につけられ、三人で処刑《しょけい》されました。

本当にそれだけで終わりだったならば、そのあと世界宗教《しゅうきょう》ができるとは思えません。過去《かこ》、宗教活動をしていて捕まり、処刑された人は大勢《おおぜい》いるのですが、たいていは、それで終わりになっています。

イエスが捕まって十字架につけられたとき、周りには、女の弟子《でし》が二、三人と、ヨハネなど男の弟子が少しいただけであり、教団自体《きょうだんじたい》は壊滅状態《かいめつじょうたい》になっていたのですが、「イエスの復活」のあと、教団は急速に伝道団体に変わっていきました。

『聖書《せいしょ》』には、「復活したイエスを五百人以上の人が見た」と書かれているので、本当に見たのだろうと思います。「イエスは死んだはずだ」と言われても、五百人以上が「見た」と言ったら、いくら何でも証人《しょうにん》の数が多すぎます。有力な弟子のところには全部出ていますが、それ以外の人たちも、復活したイエスを見ているのです。

その極め付きは、イエスの弟子の中で特に疑《うたが》い深い聖トマスの場合です。

このトマスに関しては、正式な『聖書』には含《ふく》まれていませんが、「トマスによる福音書《ふくいんしょ》」というものもあります。

イエスの弟子たちが集まって、「イエスは復活した」という話をしているとき、トマスは、「私は、イエスの体にある十字架の釘の痕《あと》を、この目で実際に見て、そこに手の指を入れてみなくては、復活を信じられない」と言っていました。

その何日かあと、弟子たちがまた集まっていたとき、すべての戸には鍵《かぎ》が掛《か》かっていて、外から入れないようになっていたにもかかわらず、まるで幽霊《ゆうれい》のような入り方ですが、戸を開けもせずにイエスが家に入ってきたのです。

そして、イエスは、「トマスよ、おまえが触《さわ》りたいのは、これか」というようなことを言って、十字架の傷痕《きずあと》を示《しめ》しました。トマスは驚《おどろ》いてしまい、「私の主よ」と言ったのです。

トマスは十二弟子の一人ですが、このあと、イエスから、「証拠《しょうこ》を見て信じるのでは残念だ。証拠を見ないで信じるのが本当の姿《すがた》だ」というようなことを説教されています。

イエスは牽引《けんいん》ビームで空中に引き上げられた？

このように、『聖書』には、復活後のイエスがいろいろな人のところに現《あらわ》れたことが書かれています。以前の私は、「これは霊的に現れたのかな」とも思っていたのですが、必ずしもそうではないようです。

キリスト教の思想の中で、長年、私にもどうしても分からなかったものに、「空中携挙《けいきょ》」という、「肉体を持ったままで空中に引き上げられる」という考え方があります。

私は、この考え方に何となく納得《なっとく》がいきませんでした。空中に上がるときには、普通、霊体で行くのであり、「肉体を持ったままで空中に上がる」ということは考えられないからです。しかし、『新約聖書』には、「将来《しょうらい》、主が再臨《さいりん》するときには、大勢の人が空に引き上げられる」というようなことが書いてあるため、ここに引っ掛かっていたのです。

ところが、二〇一〇年から「宇宙人リーディング」を始め、いろいろなことを知るようになると、「その可能性《かのうせい》のある場合が一つだけある」ということが分かりました。それは牽引《けんいん》ビームです。

UFOから出る牽引ビームで、地上の人がスーッと吸《す》い上げられることがあるので、「ああ、なるほど。『肉体のままで地上から空中に吸い上げられる』というケースは実際にあるのだな」と思ったのです。

以前、ある男性をリーディングしたところ、その人の潜在意識《せんざいいしき》は、「私はベガ星人だったが、イエスが処刑されたときには仲間と共に宇宙船の中にいた。そして、われわれはイエスを宇宙船の中に引き上げて治し、イエスを復活させた」と言っていました（前掲『宇宙からのメッセージ』第3章参照）。

一連の宇宙人リーディングで一回出ただけの話なので、これについては、もう少し多角的に検証《けんしょう》しようとは思っていますが、「その話が事実であれば、『肉体を持ったままで空中に引き上げられる』ということは、ありうる話ではないか」と、今の私は考えています。

ベガ星人は、科学《かがく》技術《ぎじゅつ》的には地球より千年も進んでいる世界の人たちなので、この世のいろいろな病気やけがを治すことはできるだろうと思います。

3　奇跡《きせき》が起きる人と起きない人

「奇跡《きせき》が起きるかどうか」の鍵《かぎ》は信仰心《しんこうしん》

この世的には、まだ信じられないようなことであっても、それが実際《じっさい》に起きることは今後とも数多くあるでしょう。宇宙人《うちゅうじん》が科学技術《かがくぎじゅつ》の格差《かくさ》を地球人に示《しめ》してきたり、霊的《れいてき》なパワーが臨《のぞ》んできたりしたときには、今まで考えられなかったようなことが現実《げんじつ》に起きるのです。

当教団《とうきょうだん》の歴史が進んでいけば、いろいろな奇跡《きせき》が数多く起き、それが『聖書《せいしょ》』や仏典《ぶってん》のように書き遺《のこ》されることになるのではないかと思います。

その鍵《かぎ》は信仰心《しんこうしん》です。本当に信仰心なのです。ほとんど、「信ずる力があるかどうか」ということにかかっています。

「信じない」ということは、物事を常識《じょうしき》で考え、「こういうときには、このようになる」という、この世のルールに屈服《くっぷく》していることを意味しています。この世のルールに屈服していれば、この世で普通《ふつう》に起きること以外は起きません。

一方、「信仰心を強く持っている」ということは、「この世のルールに屈服しない」ということを意味しており、それは、「この世のルールを超《こ》えて、異次元《いじげん》からのパワーが働くことを、自分は受け入れる」ということでもあります。したがって、いろいろな現象が起こりうるのです。

例えば、「オートバイに乗って走っているとき、乗用車にぶつかって、ポーンと空中に撥《は》ね飛ばされた。『エル・カンターレ ファイト』を正式に行《ぎょう》じている暇《ひま》はないので、空中にいる間《あいだ》に、心の中で十字を切り、『エル・カンターレ ファイト』の星形を切って地面に落ちたら、まったくけがをしなかった。オートバイは目茶苦茶に壊《こわ》れたが、命は助かった」という人もいます。

空中にいるのは一瞬《いっしゅん》のことであり、この世では一秒か二秒の話でしょうが、異次元から見ると、そのわずかな時間の間に、実は、時間を止めているのとほとんど同じような状態《じょうたい》で、数多くのことができるのです。そのため、いろいろなことが起きる可能性《かのうせい》はあるだろうと思います。

とにかく、キリスト教徒自身が、「十字架《じゅうじか》上で死に、槍《やり》で突《つ》かれて死が確認《かくにん》され、墓《はか》に埋葬《まいそう》された人が、そのあと復活《ふっかつ》した」ということを『聖書』に書き、二千年たっても、いまだにそれを信じる人が世界に二十億人も生きているのです。「イエスの復活」が単なる嘘《うそ》であれば、ここまでは行かないだろうと思えるので、「それを見て信じた人たちの確信がものすごく強かった」と言えるでしょう。

火攻《ひぜ》めから逃《のが》れた日本武尊《やまとたけるのみこと》と大国主命《おおくにぬしのみこと》

前述《ぜんじゅつ》したように、波返し、水切りの秘法《ひほう》もありますが、火難《かなん》、火攻《ひぜ》めのときに、火を逆流《ぎゃくりゅう》、逆転させる秘法もあります。こちらに迫《せま》ってくる火を逆の方向に戻《もど》す方法も、あることはあるのです。

これを、日本では、歴史上、日本武尊《やまとたけるのみこと》が現実に行いました。

彼が日本全国平定のために遠征《えんせい》に出たとき、今の静岡《しずおか》県の焼津《やいづ》あたりで、敵《てき》の火攻めに遭《あ》いました。野原につけられた火が、みるみるうちに迫ってきたのですが、そのとき、彼は「草薙剣《くさなぎのつるぎ》」で周りの草を掃《はら》ったのです。

草を掃っただけで火が止まるわけではないので、これには一種の儀式《ぎしき》の面もあるでしょうが、そのあと、火が敵のほうに向かって走り始めたため、彼は窮地《きゅうち》を脱《だっ》し、やがて敵を焼き殺すことができました。

これは、火事で言えば、「火が迫ってきているときに、奇跡的に火の流れを向こうに押《お》し返すこともできる」というようなことを意味していると思います。

それから、大国主命《おおくにぬしのみこと》も火攻めに遭っています。彼は伝説や神話と一体になっているので、もうひとつ分かりにくいところのある人物ですが、兄神《あにがみ》たちに、ずいぶん嫉妬《しっと》され、いろいろな意地悪をされていますし、あるときには、野原に火をつけられ、焼き殺されそうになっています。

そのとき、ネズミが出てきて、「内はほらほら、外はすぶすぶ」、すなわち、「中は空洞《くうどう》になっていて、外は狭《せま》くなっている」ということを、「ここ掘《ほ》れ、ワンワン」風に言ったので、そこを調べてみると、地下が空洞になっており、その中に入って火をやり過《す》ごすことができたため、彼は助かったのです。

このように、火攻めから逃《のが》れる法も、あることはあります。

キリスト教のペテロとパウロに起きた奇跡《きせき》

火や水から逃れる奇跡《きせき》、死んだ人が復活する奇跡、刀杖難《とうじょうなん》、すなわち、刀で斬《き》られようとしたときに、刀のほうが折れてしまう奇跡などについて述べてきましたが、もう一つ、「手かせ足かせをされ、牢《ろう》に閉《と》じ込《こ》められていても、全部の鍵がはずれてしまう」という奇跡もあります。

キリスト教で最初の教皇《きょうこう》になった人はペテロです。この人は、ニワトリが二回鳴く前に、三回、「イエスを知らない」と言って逃げ、そのあと回心しましたが、伝道しているうちに、最後はローマで捕《つか》まり、殉教《じゅんきょう》しました。彼は、「手かせ足かせがはずれ、牢が開《あ》いて外に出られる」という奇跡を体験しています。

また、キリスト教の伝道者では、十二弟子《でし》ではありませんが、パウロも有名です。

この人は、キリスト教より古いユダヤ教を熱心に勉強した人で、当初は、キリスト教を「邪教《じゃきょう》だ」と思い、キリスト教徒を迫害《はくがい》していました。逮捕状《たいほじょう》を持ち、イエスの弟子たちを逮捕して回っていたのです。

ところが、彼らを追いかけている途中《とちゅう》、ダマスカス街道で、白昼、このパウロ（当時の名はサウロ）に、ものすごい光が空中から臨み、彼は三日ほど目がまったく見えなくなってしまいました。しかし、彼が追っていたキリスト教徒の中に、アナニアという人がいて、この人は、自分たちを逮捕しに来ていた敵であるパウロに対して手をかざし、彼の目を治したのです。

これでパウロはキリスト教の愛に目覚めました。

これと同様なことはイエスも行っています。

イエスがゲッセマネの園で祈《いの》ったあとのことですが、イエスを捕まえに来た人たちに対して、ペテロが剣《けん》を抜《ぬ》き、そのうちの一人の片耳《かたみみ》を斬り落としたところ、イエスは、「その人の耳に触《ふ》れて癒《いや》す」という奇跡を起こしています。

アナニアの場合も、それと同じようなことで、「汝《なんじ》の敵を許《ゆる》せ」という教えに該当《がいとう》するのでしょうが、目の見えなかったパウロが見えるようになり、それによって、逮捕状を持っていた人がコロッと変わり、キリスト教の迫害者から伝道者に変わりました。それでキリスト教は大きく広まったのです。

このように、宗教《しゅうきょう》においては、いろいろな奇跡が起きています。そのことを知っておいたほうがよいでしょう。

仏教には、他《た》の宗教に比《くら》べて、奇跡をあまり強調しない傾向《けいこう》があるのですが、仏典を緻密《ちみつ》に読めば、奇跡と思われることは数多く書かれています。

例えば、『浄土三部経《じょうどさんぶきょう》』を読むと、「韋提希夫人《いだいけぶにん》が、息子《むすこ》である悪王に捕まり、牢に監禁《かんきん》されているとき、釈迦《しゃか》とその弟子とが空中を飛んで牢の中に現《あらわ》れてくる」という記述があります。幽体離脱《ゆうたいりだつ》風の現れ方で入ってきて、夫人を慰《なぐさ》める説法《せっぽう》をする場面があるのです。

それ以外のところでも、仏陀《ぶっだ》が空中に浮《う》き、空中から説法をする話もたくさん出てきます。

仏教学者の故《こ》・中村元《なかむらはじめ》は合理主義者《ごうりしゅぎしゃ》なので、このあたりに関しては信じられず、頭がクラクラしていたと思います。宗教学者たちは、このへんには立ち入らないようにして逃げています。

本物の信仰《しんこう》を持ち、奇跡《きせき》の生き証人《しょうにん》となれ

奇跡《きせき》が起きるときには、何らかの異次元パワーが、いろいろなかたちで働いています。

当会も、これから世界宗教になっていくならば、おそらく、いろいろなかたちで、信じられないような奇跡が起きてくるでしょう。「その奇跡の主役に誰《だれ》がなるか」ということは分かりませんが、少なくとも、信仰心《しんこうしん》の強い支部《しぶ》において、信仰心の強い人が、それを起こすと思います。この世のルールを踏《ふ》み破《やぶ》って、そういうことが起きるようになるでしょう。奇跡は、まだまだ起こせます。

今は、まだ、「東日本大震災《だいしんさい》で、津波そのものは止《と》められなかったではないか」と揶揄《やゆ》する向きもあるかもしれません。しかし、やはり、信者が足りないのです。まだ足りません。

前述したように、私は、「われを信ずる者、百人あらば、その町に、壊滅的天変地異《てんぺんちい》は起きまい」と述べたことがありますが、まだ、どこの町にも百人の信者がいるわけではないのです。いない所にはいなくて、まばらです。

不信仰の輩《やから》は、それほど数多く助けてはもらえません。いや、助けられても、その意味が分からず、それを、「物理的現象として、あるいは自然現象として、こうなったのかな」と思うような人が大勢《おおぜい》います。「信仰者がいると、どういうことが起きるか」ということが分かってもらえないのであれば、自然の法則《ほうそく》をねじ曲げても意味がないのです。

東日本大震災が天の警告《けいこく》であることは間違《まちが》いないと思いますが、同時に、そこには信仰ある者たちを護《まも》ろうとする力も働いていました。

「アメとムチ」と言われれば、確かにそうなのです。

信仰心が薄《うす》れた時代に、単なる発展《はってん》・繁栄《はんえい》、享楽《きょうらく》だけが来ると、人々は誤解《ごかい》をします。しかし、罰《ばち》を与《あた》える神だけであれば、人々は恐怖《きょうふ》を感じてしまい、神を信じられなくなる面もあります。怖《こわ》い出来事が起きることもあれば、それから助かるなどの奇跡を体験することもあり、両方が綯《な》い交《ま》ぜになっているのです。

あれほど大きな地震があったので、今後、ほかの所にも大地震が起きるかもしれません。また、津波や火山の爆発《ばくはつ》など、いろいろなことがあるかもしれません。

しかし、歴史上、世界宗教は、いろいろな奇跡に彩《いろど》られています。

そして、紅海《こうかい》を割《わ》ったモーセも、荒《あ》れている波を叱《しか》りつけ、湖を平らかにしたイエスも、指導《しどう》していたのは私なのです。

したがって、当会の信者たちの信仰が本物になれば、いろいろな奇跡が起きてきて、それらが〝次の聖書〟に書かれるようになるのです。
どうか、そういう奇跡の生き証人《しょうにん》になっていただきたいと思います。

4　エクソシストの真実

映画《えいが》「ザ・ライト」で描《えが》かれた「悪魔《あくま》との対決」

本章では、「霊界《れいかい》と奇跡《きせき》」というテーマで、いろいろな奇跡について述《の》べてきましたが、それらの奇跡は、すべて信仰《しんこう》とかかわっています。

さらに言えば、病気の原因《げんいん》の七割《わり》や八割は悪霊の憑依《ひょうい》です。特に、重度の病気の場合には、悪魔《あくま》に取り憑《つ》かれてそうなっていることもあります。しかし、本人に信仰心があれば助けられるのです。

二〇一一年には、「ザ・ライト　エクソシストの真実」という映画《えいが》が公開されました。映画「エクソシスト」の続編《ぞくへん》のような映画ですが、そこで描《えが》かれている「エクソシスト（悪魔祓《ばら》い師《し》）養成」は、今、カトリックの総本山《そうほんざん》であるバチカンで実際《じっさい》に行われていることです。バチカンは、「イタリアにおいて、一教区に一人はエクソシストを配置したい」と考えているのです。

また、アメリカには、今、十四人のエクソシストがいるようです。その中の一人である、シカゴ教区のエクソシストが実際に体験した話を、今回、映画化したわけです。

当会の信者は、できれば見たほうがよいでしょう。アンソニー・ホプキンスが主演《しゅえん》しているので、それなりの怖《こわ》さがある映画ですが、彼は、「エクソシストとして、悪魔祓いを実際に二千件《けん》も行った」という人の役を演じています。

彼が演じているそのエクソシストは、あるとき、自分が助けようとした人が死んだことで自信を失い、逆《ぎゃく》に悪魔に入られてしまいます。そこで、のちにシカゴ教区エクソシストとなる若《わか》い神学生が立ち上がります。彼はまだ未熟《みじゅく》であり、悪魔の存在《そんざい》などを完全には信じ切れていなかったのですが、信仰に目覚めて、その悪魔と戦うのです。

その悪魔が「俺《おれ》を信じるか」と言ってきたとき、その若い神学生は、「悪魔を信じる。しかし、悪魔を信じるのと同じ理由により、私は神の力をも信じる。そして、神が悪魔よりも強いことを信じる」というようなことを言うのですが、その段階《だんかい》で、相手に入っていた悪魔は敗れます。

これがエクソシズム（悪魔祓い）です。

そのとき入っていた悪魔は「バアル」と名乗りました。これは、「ベリアル」ともいいますが、「ベルゼベフ」のことです。イエスを誘惑《ゆうわく》し、「石をパンに変えてみろ」「高い場所から飛び降《お》りてみろ」などと言って、荒野《あらの》でイエスを試《ため》した悪魔です。

信仰心《しんこうしん》が堅固《けんご》であれば、悪魔《あくま》に支配《しはい》されることはない

このエクソシズムにおいて大切なことは何でしょうか。

常時《じょうじ》、悪霊や悪魔《あくま》が憑依している人から、それを追い出すには、憑依されている本人とエクソシストの両者に信仰心《しんこうしん》が必要です。

本人が信仰心を強く持っていれば、その人の内側で信仰のパワーが働きます。それと、もう一つ、外側にいるエクソシストの信仰のパワーとが呼応《こおう》し合ったとき、悪魔を追い出せるようになります。しかし、片方《かたほう》しかないと、追い出すのは難《むずか》しいのです。したがって、両者に強い信仰心が必要です。

私は、悪魔に入られている人が信仰を持っているかぎり、どのような悪魔であ

っても、その人から追い出すことができます。

ところが、悪魔に入られている人が、「悪魔のほうを信じ、悪魔のほうに帰依している。エル・カンターレを信じていない」という場合には、よほどの理由がないかぎり、追い出すことはできません。本人の心が悪魔のほうに近く、いわば悪魔の仲間だからです。

このように、本人が悪魔の味方をしている場合には、残念ながら、その人は悪魔に居座《いすわ》られてしまいます。そうなると、本人が、不幸なことをいろいろと体験し、「自分の考え方や生き方には間違《まちが》いがある」という気付きを得るまで、待たなくてはいけないこともあるのです。

信仰心が強い人であれば、そもそも、悪魔に憑かれることはありません。ただ、そういう人であっても、「試《ため》し」「試《こころ》み」として、悪魔クラスに憑かれる場合もあります。しかし、信仰心が堅固《けんご》であれば、要するに、この世的な勝ち負けや成功・失敗等に負けない強い心さえ持っていれば、「悪魔に長く取り憑かれる」ということはありません。

例えば、当会の信者が国政《こくせい》選挙などに立候補《りっこうほ》するとしましょう。ところが、不信の輩《やから》が多くて仮《かり》に当選しなかったとしても、「奇跡が起きなかったから、信仰を疑《うたが》う」という気持ちになるようであってはいけないのです。そうであっては、その人が悪魔に憑かれて病気になっても、そう簡単《かんたん》には救えません。

たとえ選挙で落選したとしても、次のように考えるべきです。

「これは魂《たましい》にとっての試練である。主《しゅ》の道を整えるために、今、私たちは、捨《す》て石になって頑張《がんば》っているのだ。今、茨《いばら》の道を切り拓《ひら》いているところなのだ。だから、このようなことでは、私の心は全然揺《ゆ》るがない。

とにかく一歩でも二歩でも前進し、当会を信じる人や応援《おうえん》してくれる人を増《ふ》やすことが私の仕事なのだ。私は、自分自身の利害にかかわりなく、仕事を進めていく」

このような気持ちを持っていれば、悪魔に支配されるようなことはありません。

この世は躓《つまず》きに満ちているので、何かで躓いたからといって、それですぐに信仰を捨てるようなことであってはいけないのです。

第３章　霊性《れいせい》の時代へ

――今、現代人にとって大事なこと

1　現代《げんだい》文明における「霊性《れいせい》の復権《ふっけん》」

「未知なるもの」は、いつも不思議に見える

本章では、「霊性《れいせい》の時代へ」というテーマで述《の》べていきます。

大きな歴史の流れを見ると、かつての「霊性の時代」から、「知識《ちしき》や情報《じょうほう》、機械の時代」へと移《うつ》ってきた流れがあると思われるので、本来は、「霊性の復権《ふっけん》」と言うべきなのかもしれません。

ここ百年ぐらい、霊性の復権をかけて、さまざまな宗教《しゅうきょう》運動が起きてきていますが、大きな目で見ると、現代《げんだい》文明の流れに押《お》され、宗教運動のほうは敗れているように思います。

つまり、宗教を信ずるよりも、「具体的な技術《ぎじゅつ》や知識などによって、何事かを成し遂《と》げたほうが、より確実《かくじつ》で、正確で、直接的《ちょくせつ》である」と信じる人が多くなってきたわけです。

そういう流れの中で、単に、「信じるか、信じないか」という問題を離《はな》れて、宗教的なものが後退《こうたい》してきたと言えると思います。

宗教的なものの原始的形態《けいたい》というか、原初的形態とも言うべき「魔術《まじゅつ》」についても、すでに一世紀も前から、その衰退《すいたい》が言われています。世界各地で、魔術的なるものが衰退しつつあるわけです。

現代のジャーナリズムにおいては、そうした魔術的なるものを、ある種のカルトの特徴《とくちょう》のように喧伝《けんでん》する向きもあり、「通常《つうじょう》の法則《ほうそく》からはずれるものは、あってはならない」と決めつけるようなところがあります。

しかし、これは考え方の相違《そうい》にすぎないのです。

例えば、初めてテレビが発明されたとき、「機械の箱に映像《えいぞう》が映《うつ》り、人物が登場し、遠隔地《えんかくち》から声や姿《すがた》など、いろいろな情報を伝えられる」というのは、信じられないことでした。

また、明治時代に電信回線が敷《し》かれたとき、「荷物を風呂敷《ふろしき》で包んで電線に縛《しば》りつけておけば運んでくれる」と思って、電線に自分の荷物を縛りつけた人もいたそうです。

ちなみに、英語のconveyという言葉には、「伝える」と「運ぶ」という二つの意味があるので、英語ではどちらも同じになりますが、「そのようにして荷物を送ろうとした人もいた」という話が残っています。

このように、「未知なるもの」は、いつも不思議に見えるものです。

宗教の持っている魔術的なる側面は、確《たし》かに、原始の時代からあるため、「古いものだ」と決めつけられる傾向《けいこう》はあります。そして、「新しい時代になるというのは、そういうものから離れていくことなのだ」と考えられているところがあります。

そのため、現代の病院においては、特に重大な病気になった場合、人間の体を、あたかも機械が壊《こわ》れたかのごとき取り扱《あつか》いをしていることが多いのです。

そこでは、「臓器《ぞうき》という〝部品〟を取り替《か》えないかぎり、もう治らない」「悪い部位は完全に取り除《のぞ》く以外に方法はない」「一生、薬を飲み続ける以外に方法はない」というような考え方が、当たり前のようになっています。

「素直《すなお》に純粋《じゅんすい》に信じる心」を阻害《そがい》するもの

しかし、幸福の科学では、「信仰《しんこう》が立ったら、奇跡《きせき》がたくさん起き始める」ということを述べており、しだいに、そのとおりになってきつつあります。

今から二十年ぐらい前には、「幸福の科学は、病気治しをしない宗教だ」とも言われていましたし、私のほうも、病気治しをする気はあまりありませんでした。効率主義的《こうりつしゅぎ》考え方で見れば、病気は、宗教で治すよりも、病院で薬をもらって治すほうが手っ取り早いので、「宗教も、そろそろ病気治しにはかかわらず、教えだけで行くべきかな」と考えていたのです。

昔、私が評論家《ひょうろんか》の渡部昇一《わたなべしょういち》氏と対談したとき、「病気を『治さない』と言う宗教は新しいですね」と言われた覚えがあります（『フランクリー・スピーキング』〔幸福の科学出版刊〕第2部参照）。

それは、おそらく、私自身の学問的背景《はいけい》や職業《しょくぎょう》的背景なども関係があり、私が近代合理性の中で生きていたことが大きく影響《えいきょう》したのかもしれません。

現代の最先端《さいせんたん》の学問や仕事をしている人には、「素直《すなお》に純粋《じゅんすい》に信じる心」を持ちにくい傾向があります。そういうものが阻害要因《そがいよういん》となって、天上界《てんじょうかい》とのパイプが詰《つ》まりやすくなっているのです。要するに、地上だけの「横のつながり」はできても、「縦《たて》のつながり」である〝天と地をつなぐ電話〟がかからない状況《じょうきょう》になっているわけです。

2　信仰《しんこう》による奇跡《きせき》の実証《じっしょう》

一つでも実例があれば、「ない」という根拠《こんきょ》は崩《くず》れる

そこで、私は、さまざまな霊言現象《れいげんげんしょう》等を通して、〝天と地をつなぐ電話〟の存在《そんざい》を示《しめ》しています。最初は、私一人だけで行《おこな》っていましたが、最近は、私の弟子《でし》たちも、ある程度《ていど》できるようになってきつつあります。

原理は、それほど難《むずか》しいことではなく、「仏法真理《ぶっぽうしんり》を受け入れること」なのです。

例えば、ガラス窓《まど》に曇《くも》りがあると、光が十分に射《さ》さなくなります。それと同じように、この世で生きている間《あいだ》に、心の窓には、いろいろな埃《ほこり》や曇りが付いてきますが、反省を通して、それらを取り除《のぞ》き、心の透明感《とうめいかん》を高めていけば、天上界《てんじょうかい》からの光が入ってくるようになるのです。

その具体的な例証《れいしょう》としては、守護霊《しゅごれい》あるいは指導霊《しどうれい》といわれる人たちが降《お》りてきて、光を与《あた》えてくれたり、霊言現象を起こしたりすることが挙げられます。今、その実証を数多く行っているところなのです。

それは、「水素《すいそ》と酸素《さんそ》を混《ま》ぜ、火をつけて燃《も》やしたら、水ができる」という、科学の実験とは違《ちが》い、必ずしも、同じ結果が出なくてもよいのです。たとえ一つでも二つでも三つでも、「霊的な現象が起きる」ということを示しさえすれば、「そういう世界はない」と断定《だんてい》する根拠《こんきょ》は崩《くず》れ去ります。

たとえ、それが、現代における〝失われた世界〟であったとしても、「ない」

と言うことができなくなるわけです。

また、現代では、「今から約六千五百万年前、大隕石《だいいんせき》がユカタン半島にぶつかり、ものすごい量の粉塵《ふんじん》が舞《ま》い上がって地球を何年間も覆《おお》い、日が射さなくなった。そのため、植物が茂《しげ》らなくなり、恐竜《きょうりゅう》は食料がなくなって死に絶《た》えた。その結果、ネズミのような小型の哺乳類《ほにゅうるい》だけが生き延《の》びて、その子孫たちが現代の人間までつながっているのだ」という学説が、けっこう主流になっています。

ただ、これを反証するためには、すべてを立証する必要はありません。例えば、ネス湖に行って恐竜を一頭捕まえたら、それで終わりなのです。あるいは、ニュージーランド沖《おき》で恐竜を一頭捕まえても終わりですし、日本海か富士《ふじ》五湖あたりを恐竜が泳いでいてくれても構《かま》いません。

「恐竜は、古代にのみ生息し、約六千五百万年前に死滅《しめつ》した」という仮説《かせつ》は、たとえ一頭でも恐竜を見つけることができた時点で、完全に覆《くつがえ》り、崩れてしまいます。

また、同じような例で言えば、「宇宙人《うちゅうじん》はいない」と言い張《は》る人もいますが、ほんの一例でもＵＦＯを確保《かくほ》でき、それが地球でつくられたものではないことを証明できれば、こうした説は覆るのです。

結局、霊的現象においては、数学のように必ず同じ答えが出るわけではありません。

しかし、霊的な現象を否定《ひてい》する人も、その根拠は、それほど強いものではなく、意外に薄弱《はくじゃく》なものです。たいていは、「自分は見たことも聞いたこともない」という程度であり、あるいは、誰《だれ》かが「見た」と言っても、「自分はその場に居合《いあ》わせなかった」というようなことが根拠である場合が多いのです。


不思議な現象《げんしょう》も、連続して起きれば偶然《ぐうぜん》と言えなくなるもちろん、「宗教《しゅうきょう》では病気を治せない」「信仰《しんこう》で病気が治るなんて嘘《うそ》だ」などと言うことは、医者や科学者だけでなく、一般《いっぱん》人やマスコミ人であっても簡単《かんたん》です。

しかし、一例でも二例でも、医者が「ギブアップです。これは、絶対に治らない不治《ふじ》の病であり、もう死ぬしかありません」と言った病気が実際《じっさい》に治ってしまったならば、前述《ぜんじゅつ》した恐竜の例と同じようなことが起こります。否定する根拠が崩れ、「宗教で病気が治る」ということが立証されるわけです。

例えば、二〇一一年御生誕祭《ごせいたんさい》での私の説法（本書第５章）終了《しゅうりょう》後、会場では、末期ガンが治った信者の事例が上映《じょうえい》されましたが、それは、「教学《きょうがく》や反省を行い、精舎《しょうじゃ》等で祈《いの》ったら、ガンが消滅した」という内容《ないよう》でした。

また、最近、私が受けた報告《ほうこく》でも、ガンや大動脈瘤《だいどうみゃくりゅう》、肺水腫《はいすいしゅ》、その他、いろいろな難病《なんびょう》が治ったり、犬に咬《か》まれてブラブラになっていた指が元に戻《もど》ったりするなど、不思議な事例が数多くありました。宗教も、ばかにしたものではありません。

一件《けん》でも二件でも、三件でも四件でもよいのですが、「通常《つうじょう》はありえないことが何件か実際にあった」ということだけで、「そういうものは存在しない。すべて嘘だ」と決めつける論拠《ろんきょ》は、ガラガラと音を立てて崩れていくのです。

私が説いている「病気が治る法則《ほうそく》」について、「そのようなものは法則として成り立たない」と言う人もいることでしょう。もちろん、この世のルールの中では、「百パーセント、すべての人の病気が治る」と言うのは、なかなか難しいことではありますが、「信仰で病気が治った」という事例が連綿《れんめん》と出続けたならば、やはり、「単なる例外現象《げんしょう》ではない」と言えると思うのです。

繰《く》り返しますが、「恐竜を見た」「恐竜の写真がある」と言う人がいても、「自分が見ていないものは信じない」「その写真は、模型《もけい》を浮《う》かべて撮《と》っただけだ」などと反論されたら、それまでです。

しかし、ネス湖でネッシーが一頭捕獲《ほかく》され、さらに、「日本の湖やバイカル湖、太平洋でも恐竜が見つかった」ということになれば、もう否定のしようがなくなります。

したがって、そういう事例が幾《いく》つか連続して出てくることが大事なのです。

あるいは、「東日本大震災《だいしんさい》のとき、津波《つなみ》が、幸福の科学の信者の家や、信者が多い地域《ちいき》を避《さ》けて通った」と言っても、一般の人たちは、にわかには信じないかもしれません。しかし、もし、もう一度、同じような地震があって、同じように、「津波が避けて通った」ということが起きた場合には、明らかに「偶然《ぐうぜん》」とは言えないでしょう。

そのように、不思議な事例が、ある程度、連続して起きてくることが、実証になると思います。

3 霊的《れいてき》な真実に目覚めよう

奇跡的現象《きせきてきげんしょう》は「信仰《しんこう》に対する答え」である

この地上においては、教会やお寺など、いろいろなところで「信仰心《しんこうしん》」というものを教えています。

ただ、「実在界《じつざいかい》といわれる、あの世の世界は本当にあるのか。そこに、神や仏《ほとけ》といわれる存在《そんざい》が本当にいるのか。また、神仏《しんぶつ》を助けている高級霊《こうきゅうれい》や天使といわれる存在が現実《げんじつ》にいるのか」ということは、教会などで祈《いの》っている人には、なかなか分からないだろうと思います。

しかし、「この世ならざる、予期しないような奇跡《きせき》的現象が起きてくる」ということは、「信仰に対する答え」が返ってきていることを意味します。

コンコンとドアを叩《たた》いたら、向こうから「はい」と返事があるように、信仰に答えが返ってくることがあるのです。こうした奇跡的現象は、しだいに数が増《ふ》えてきつつあります。

そして、信じる人が増えれば増えるほど、その数は増えていくのです。

この世には、目に見えない電波が飛び交《か》っていますが、それと同じように、何億人、何十億人もの人々の想念も飛び交っています。

そのため、「○○というのは、こういうものだ」というように、現代的常識《じょうしき》や現代的科学によって決めつけられた考え方を、多数の人間が共有していると、起きるべき奇跡が起きないことがよくあるのです。

しかし、「そういう奇跡はありうる。幸福の科学の中では数多く起きている」ということを信じる人が増えてくると、現実に、そういう磁場《じば》ができてきます。

つまり、三次元世界であっても、異次元《いじげん》空間のような、この世ならざる空間がスポット的に出来上がってくることがあるのです。

それは当会の支部精舎《しぶしょうじゃ》であったり、正心館《しょうしんかん》などの精舎であったりするわけですが、そういう異次元スポットにおいて、奇跡的現象が起きてくるのです。

日々、実感している『正心法語《しょうしんほうご》』の功徳《くどく》

また、私の説法ビデオなどを観《み》たり、CDを聴《き》いたりすることによっても、数多くの現象が起きています。

例えば、幸福の科学では、根本経典《きょうてん》『仏説《ぶっせつ》・正心法語《しょうしんほうご》』の朗読《ろうどく》を収録《しゅうろく》したCDを三帰誓願者《さんきせいがんしゃ》向けに頒布《はんぷ》していますが、これは私自身も実際《じっさい》によく使っています。

そのCDは、私が吹《ふ》き込《こ》んだものではありますが、それをかけると、日々、私のところにやってくる、さまざまな想念の探知《たんち》ができるのです。

「今日は何だか悲しいな」「今日は何だか重いな」「今日は何だかイライラするな」などと感じたときには、『正心法語』のＣＤをかけてみるわけです。ボリュームが小さいと反応《はんのう》が出にくいのですが、少し大きめにかけると数秒で反応が出てきて、「どうやら、教団幹部《きょうだんかんぶ》の誰《だれ》かが困《こま》っているらしい」などということが分かってしまうのです。

それは、必ずしも霊体《れいたい》そのものがやってきているのではなく、念波《ねんぱ》として来ているわけです。あるいは、街中や説法会場など、いろいろな所で出会った人の念波が来ていることがあります。

それらは、たいていの場合、私に何かを訴《うった》えかけてきていることが多いので、その悩《なや》みに答えてあげて、だいたい納得《なっとく》させられれば、相手は引き下がっていきます。そういうことを、私は実際に現象として経験《けいけん》しています。

私は、「『正心法語』には功徳《くどく》がある」ということを常々《つねづね》説いていますが、現実に、ものすごい功徳があることを実感しているのです。

特に、悪霊《あくれい》などの〝常駐《じょうちゅう》〟によって病気になっている人の場合、『正心法語』などのCDを繰《く》り返しかけていると、ほぼ間違《まちが》いなく悪霊が浮《う》き出してきます。悪霊は、「これを習慣的《しゅうかんてき》にかけられるのか」と思って嫌がり、だんだん離《はな》れていくはずです。

ときには、「CDをかけよう」と思い、その動作に移《うつ》ろうとする瞬間《しゅんかん》に、苦しくなった悪霊が浮いて出てくることもあります。

単に『正心法語』を聴くだけでは受動的ですが、さらに、そのもとになっている仏法真理を日頃《ひごろ》から勉強し、理解《りかい》を深めていけば、もう一段、効果《こうか》が大きくなっていきます。

「霊性《れいせい》への目覚め」は古代人の思想ではない

仏教精神の中には、「各人が仏を目指す」という考え方があります。この「仏」というものを「大如来《だいにょらい》」という意味に取るならば、仏を目指すことは、現実には、それほど簡単《かんたん》なことではありません。

ただ、「仏になる」「仏陀《ぶっだ》になる」ということが、英語で言う“Be awakened”（目覚める）という意味であれば、それは万人《ばんにん》に可能《かのう》です。

霊的《れいてき》な真実に目覚め、「自分は霊的な存在である。心の波動が、悪《あ》しき方向に傾《かたむ》けば悪霊を呼《よ》びやすく、善《よ》い方向に傾けば善い霊を引き付けやすい。そして、あの世とこの世は、まったく別の世界ではなく、実は表裏《ひょうり》一体であり、相互《そうご》に連《れん》絡《らく》し合い、交流し合っているものである」ということを知ったならば、それは、ある意味で、「最初期の悟《さと》り」と言ってよいと思います。

これは、「霊性への目覚め」そのものですが、決して古代人の思想ではないことを知らなければいけないのです。

古代のお墓《はか》で、土葬《どそう》にしてあるものを見ると、死んだ人の手足を折り曲げて埋《まい》葬《そう》し、上に大きな石を乗せたりしています。

古代の人々は、「霊的な復活《ふっかつ》」ということを認《みと》めていましたが、死者がゾンビのように肉体を伴《ともな》って復活してくるのを非常《ひじょう》に怖《こわ》がっていました。そのため、二度と出てこられないように、重い石で墓に蓋《ふた》をしたり、石を死体のお腹《なか》の上に乗せたり、死体の足を折ったりするケースが多かったのです。ゾンビやキョンシー（中国の死体妖怪の一種）のように、起き上がって追いかけてこられたら困るからです。これは古代の鬼《おに》に相当するものでしょう。

物質《ぶっしつ》文明がいくら進歩しても「心の法則《ほうそく》」はなくならない

このように述《の》べると古い話になりますが、現代でも、亡《な》くなった方々が葬式等によって完全に成仏《じょうぶつ》するかといえば、それはありえません。

つまり、「『亡くなった人の場合、〈成仏して天上界《てんじょうかい》に還《かえ》る〉〈地獄《じごく》に堕《お》ちる〉〈地上界にしがみついている〉という三通りしか基本的《きほんてき》にない』と言われていたのは昔のことであって、現代のように、テレビやインターネット、携帯《けいたい》電話などが普及《ふきゅう》する時代になったら、急に、そうしたものはすべてなくなってしまう」かと言えば、そのようなことはないのです。

むしろ、テレビやインターネット、携帯電話などの現代的〝武器《ぶき》〟は、実は、目に見えない世界が存在することを立証《りっしょう》するツールでもあると思います。

地球の裏側《うらがわ》の人と交信や会話ができたり、画像《がぞう》を送れたりするのは、本当に信じられないことです。しかし、こうしたことは霊界では現実に起きているのです。

私も、常日頃、いろいろな人の想念を受けています。声も聞こえてきますし、私のほうに念が向いている人の場合は姿《すがた》も見えてきます。特に、明け方の時間帯には、私は、いろいろな霊人と会話をしていることが多いのです。

現代においては、機械を使うことで、ある程度《ていど》、霊的な世界に近づいてきているのかもしれませんが、「それをもって、霊的な世界がないことの証明にすることはできない」ということを知っていただきたいのです。

「霊性の時代」の証明としては、「難病《なんびょう》が奇跡的に治る」ということもあれば、霊的現象が身に及《およ》んで霊の声が聞こえる場合もあります。また、天上界の光が入ってきて温かい感覚を得ることもあれば、ときどき金粉《きんぷん》が降《ふ》ったりすることも現実には起きています。

あるいは、「これは自分の力ではない」と思うようなかたちで、仕事上の成果があがることも数多く起きてきます。

それから、偶然《ぐうぜん》とは思えないような、人との出会いが起きて、「誰かが引き会わせてくれているのではないか」と感じる瞬間もあります。

これらは、すべて、目に見えない世界から、さまざまな助力が働いている結果なのです。

したがって、総合的《そうごうてき》に述べるならば、今後、地上において物質《ぶっしつ》文明がいくら進歩、進展《しんてん》しても、「心の法則《ほうそく》」そのものがなくなることは決してありませんし、「人間が、『心の法則』に則《のっと》って、この世とあの世を行きわたっている」というルールそのものは、決してねじ曲げることができないわけです。そのことを知っておいたほうがよいと思います。

4　霊的能力《れいてきのうりょく》の諸相《しょそう》

私が持っている最高度の霊的能力とは

現在《げんざい》、私自身は、さまざまな霊的能力《れいてきのうりょく》を使っていますが、世界レベルで見ても、おそらく最高度の能力を持っている一人だと思います。

私は、仏教《ぶっきょう》で言う「六大神通力《じんつうりき》」に相当するものを持っていて、「過去世透視《かこぜとうし》リーディング」も「カルマ・リーディング」もできます。例えば、現在、ある人がアレルギーなどの非常《ひじょう》に難《むずか》しい病気を持っている場合に、「なぜアレルギーが出てきているのか」ということについて、前世《ぜんせ》など、今世《こんぜ》に生まれてくる前まで遡《さかのぼ》ったりして、原因《げんいん》を探究《たんきゅう》することができるわけです。

また、現在の肉体についても、あたかもＣＴスキャンをかけるように体を透視し、「どこが悪いのか」ということを知ることができます。〝人間レントゲン〟のような感じで、「ここが悪い」ということが、透視によって、すぐに分かってしまうのです。

さらに、私は内臓《ないぞう》の意識《いしき》とも会話ができます。それを聞くと、世の医者たちは驚《おどろ》いて引っ繰《く》り返ることでしょう。「今から腎臓《じんぞう》の意識と話をしてみます。なぜ病気になったのですか」と問いかけ、「なるほど、そういうことですか」などというような会話を平気で行っていることを聞いたら、医者は頭がクラクラするだろうと思います。

これは「フィジカル・リーディング」といわれるものの一つですが、現実に行うことができるのです。

時空を超《こ》えて宇宙《うちゅう》時代の記憶《きおく》を呼《よ》び出す「宇宙人リーディング」

それから、当会では、「宇宙人《うちゅうじん》リーディング」というものもよく行っています。

世界には、「宇宙人から通信を受けた」「宇宙人の言葉を聞いている」などと言っているチャネラー（霊媒《れいばい》）が、あちこちに存在《そんざい》しています。

ただ、私が、その系統《けいとう》の本を読んだかぎりでは、本当の宇宙人であるかどうか、疑問《ぎもん》なものが多いように感じます。なぜなら、向こうの星の様子がまったく分からないからです。したがって、大半は、単に、「宇宙人」を名乗る地球の霊人がチャネリングしてきているだけではないかと思います。

一方、当会の場合は、前述《ぜんじゅつ》した過去世リーディングの延長《えんちょう》になりますが、現在、地球人として生きている人の意識の奥《おく》にある記憶《きおく》を、数万年、数十万年、数百万年、あるいは、もっと昔まで探《さぐ》っていき、地球に辿《たど》り着く前の存在のところまで魂《たましい》の歴史を探究していって、宇宙人時代の魂存在を時空間を超《こ》えて呼《よ》び出します。

要するに、「ワームホール的にタイムスリップさせて、その時代の意識を現代に甦《よみがえ》らせ、語らせる」ということを行っているわけです。

今のところ、こうした「宇宙人リーディング」という手法は類例がなく、ほかでは聞いたことがありませんが、できる以上、しかたがありません。

この能力は、「過去世リーディング」において、普通《ふつう》では遡れないところまで遡って見ることができる」ということと関係があると思われます。

そういう、はるか昔の時代の記憶を、なぜ再現《さいげん》できるのでしょうか。それは、少し古い譬《たと》えかもしれませんが、レコード盤《ばん》を回して音楽を再生するのと同じようなことです。つまり、昔の魂の部分と〝接続《せつぞく》〟することができれば、その部分を再生することができるのです。

そのように、宇宙に住んでいたことがある人の記憶を、いろいろと引き出し、現象化して表しているわけです。

「悪魔祓《あくまばら》い」や「病気治し」が可能《かのう》となるために

こうしたリーディング以外にも、もちろん、私は、普通に霊と対話をすることもできますし、天上界《てんじょうかい》の光を自由自在に引いてきて放射《ほうしゃ》することもできます。

当会において、霊現象を起こせる人たちを見ても、まだ、「霊の言葉を聴《き》ける」という受動的な面が強い場合が多く、能動的な面が少し弱い傾向《けいこう》があります。

一方、能動型の人は、受け身になるほうが弱かったりすることがあり、どちらか一方に偏《かたよ》りがちです。

しかし、本来は、神の光、天上界の強い光を、自由自在に引くことができれば、その光を放射することも可能《かのう》になるものなのです。

私の場合、いろいろな霊査《れいさ》をしたり、光の放射を行ったりするときには、手を使うことが多いのですが、霊流《れいりゅう》を引いて手から放射することで、いわゆるエクソシズムもできます。強い光を当てることによって、相手に憑《つ》いている悪霊《あくれい》を飛ばしてしまうことができるわけです。

これが可能になると、現実に病気治し等ができるようになります。つまり、悪霊の憑依《ひょうい》によって病気になっている場合には、その悪霊を飛ばすことによって病気を治すことが可能になるのです。

しかし、悪霊のほうにも言い分があって取り憑いている場合には、いちおう、その言い分を聞いた上で説得しないと、なかなか離れてくれません。悪霊を説得するためには、一定以上、仏法真理の教学《きょうがく》が必要です。教学を深め、その力でもって説得すると、悪霊を取りはずすことができるようになります。

悪魔《あくま》は「わずかな隙《すき》」を狙《ねら》って攻撃《こうげき》してくる

ただ、悪霊の中には、悪魔《あくま》という非常に強力な存在もいて、その場合には、向こうから積極的に攻撃《こうげき》してくることがあります。つまり、「真理が普及《ふきゅう》することによって、自分たちのすみかがなくなってしまう」という理由で、教団《きょうだん》や霊能者個人《こじん》の隙《すき》を狙《ねら》って攻撃してくることがあるのです。この場合には、非常に厳《きび》しい戦いになります。

人間としては、かなり人格《じんかく》が優《すぐ》れ、心が清らかな人であっても、わずかな隙を狙って悪魔が攻《せ》めてくることがあるのです。

古い例で言えば、イエス・キリストが荒野《あらの》で四十日間の修行《しゅぎょう》をしたときの話があります。イエスが空腹《くうふく》に苦しんでいるときに、悪魔ベルゼベフが出てきて、「おまえが神の子であるならば、その石をパンに変えてみよ」と言って試《ため》したり、「おまえが神の子であるならば、『聖書《せいしょ》』（旧約《きゅうやく》聖書）に書いてあるように、天使がおまえを救いに来てくれるだろうから、神殿《しんでん》の上から飛び降《お》りてみよ」と言って試したりしたことが、『新約聖書』には載《の》っています。

また、釈迦《しゃか》の場合にも同じようなことがありました。托鉢《たくはつ》に行き、何ももらえずに帰ってきたとき、やはり悪魔がやってきて、「もう一回、托鉢に行けば、今度はもらえるぞ」と、ささやいた話が仏典《ぶってん》にはあります。悪魔は、本当に嫌《いや》な性《せい》格《かく》をしているのです。

お祭りで村人がいなかったりして、何ももらえなければ、当然、お腹《なか》が空《す》いて執着《しゅうちゃく》も出ます。こういうときに、わざわざ、「もう一回、托鉢に行けば、もらえるぞ」などと言ってくるのです。

非常に意地悪で卑劣《ひれつ》なやり方ですが、そのように弱点を攻撃してくるわけです。悪魔は、その日その時に起きている、小さな弱みのところを突《つ》いてきて、迷《まよ》わせようとすることがあるため、それを一喝《いっかつ》して退《しりぞ》けるだけの力が必要になってきます。

そのような、「悪魔との戦い」ということも出てきます。

信仰《しんこう》の力で奇跡《きせき》を起こせるようになったイエスの弟子《でし》たち

ある程度《ていど》の年数、当会で修行を積んでいけば、病気治しやエクソシズム、さらにはリーディング能力を身につけることもできるようになってきます。

そういうことができる人は、しだいに増《ふ》えてくるだろうと思います。

イエスの弟子《でし》たちは、イエスの生前には、ほとんど霊的能力を発揮《はっき》できなかったのですが、イエスが亡《な》くなって復活《ふっかつ》して以降《いこう》は、病気治しができたり、異言《いげん》を語れるようになったりする現象が数多く出てきました。師《し》のイエスが生前に行っていたことを、弟子たちもできるようになってきたのです。

そこには、当然、霊界からの力も働いていたとは思いますが、それは基本的《きほんてき》には「信ずる心」から起きていることなのです。

イエスの生前は、ほとんどイエスの一人仕事であり、弟子たちのほうは、「先生はすごいな」と思うだけで、奇跡《きせき》を起こすことがほとんどできませんでした。

しかしながら、「イエスの復活後に弟子たちが奇跡を起こせるようになった」という事実は、「イエスの復活は現実にあった」ということを意味していると思います。つまり、「実際《じっさい》にイエスの復活というものがあり、その信仰《しんこう》の力によって、奇跡が起きるようになった」と考えられるのです。

結局、「信仰の力で奇跡が起き、そして、奇跡が起きることによって大伝道が始まり、世界伝道を行うだけの情熱《じょうねつ》が湧《わ》いてきた」と言えるでしょう。

5　強い信念で、この世の常識《じょうしき》を覆《くつがえ》せ

本章では、「霊性《れいせい》の時代へ」というテーマで述《の》べてきましたが、それは、決して時代遅《おく》れのことではなく、本当はいちばん大事なことを教えているのです。

「人間とは何か」「人間の本質《ほんしつ》とは何か」という問いに答えることは、哲学《てつがく》の使命でもあったはずですが、現代の哲学は、それに答えることができていません。また、「人間機械論《ろん》」に陥《おちい》っている現代《げんだい》の科学も、この問いに答えられずにいます。

しかしながら、今、幸福の科学は、この問いに対して、きちんとした答えを出

しているのです。

したがって、決して怯《ひる》むことなく、着々と前進していくことが大事です。

たとえ、「宗教《しゅうきょう》で病気が治っても、そんなものでは証明《しょうめい》にならない」と言われたとしても、怯んではなりません。前述《ぜんじゅつ》した古代の恐竜《きょうりゅう》の例と同じです。実際《じっさい》に一頭でもネッシーが見つかったら、「恐竜はいる」ということであり、「はるか昔に死滅《しめつ》した」という論拠《ろんきょ》が崩《くず》れるのと同様に、医者が「絶対《ぜったい》に治らない」と言う病気が治ったら、たとえ、それが一例であっても、「『絶対に治らない』という法《ほう》則《そく》はない」ということになります。

そのようにして、実証を積み重ねていくことが大事だと思います。

日本での伝道が、まだまだ十分に進まない理由は、「信じない力」が強く働いているからです。マス（集団《しゅうだん》）教育によって教え込《こ》まれた「常識《じょうしき》」によって、信《しん》仰《こう》による奇跡《きせき》現象を止める力が非常《ひじょう》に強く働いているのです。「そういう奇跡を信じる人たちは、低級で愚《おろ》かな人たちだ」と、強く思い込まされているわけです。しかし、「実際はそうではない」ということを実証し、強い力を出していかなければなりません。

日本では、投下エネルギーや活動量に比《ひ》して、信じる人の伸《の》びがまだまだ十分ではないように思います。それは、おそらく、信仰による奇跡に逆流《ぎゃくりゅう》する考え方、まったく正反対の考え方が、今、非常に優勢《ゆうせい》であるからでしょう。

こうした「常識」を覆《くつがえ》していかなければなりません。やはり、少数である側は、強い信念を持って押《お》していかなければいけないのです。

そのようなことを強く心に念じ、「霊性の時代」を拓《ひら》くべく、努力していきたいと思います。

第4章　宇宙《うちゅう》時代への目覚め

——解《と》き明かされ始めた「宇宙の秘密《ひみつ》」

1　時空間を超《こ》えた悟《さと》りの世界

宇宙人《うちゅうじん》についての「証拠《しょうこ》」が積み上がってきている

本章では、「宇宙《うちゅう》時代への目覚め」と題して述《の》べていきたいと思います。

私は、最近、さまざまな「宇宙人リーディング」を行い、宇宙人に関して調査《ちょうさ》した内容《ないよう》を書籍《しょせき》にして数多く出しています。その結果、証拠《しょうこ》と言うべきものが、じわじわと積み上がってきつつあるのではないかと思います。

幸福の科学を始める前の、一九八一年から一九八六年ぐらいまでの間に、私はさまざまな高級霊《こうきゅうれい》の霊言《れいげん》を録《と》り、数多くの霊言集を出版《しゅっぱん》しましたが、ちょうど、そのころの感じに似《に》ています。

その当時、何度も霊言を録っては、それを原稿《げんこう》に起こし、「これは本当に日蓮《にちれん》なのだろうか」「これは本当に空海なのだろうか」「これは本当にイエスなのだろうか」と、内容を調査していました。

そういう時代がありましたが、四半世紀、つまり二十五年ほどたって、今度は、その対象が宇宙へと広がっていきつつあるわけです。

みなさんも、「宇宙には宇宙人が住んでいるかもしれない」というぐらいの想《そう》像《ぞう》はするでしょうが、「実際《じっさい》に、こんな宇宙人がいて、こういう姿《すがた》をし、このような考え方を持っている」ということを、今、私は順番に少しずつ出しています。

そして、それぞれの宇宙人について脈絡《みゃくらく》なく出していくうちに、しだいにつながりが出てきて、全体の関係図やストーリーなどが見え始めてきています。ちょうど、ジグソーパズルを完成させていくように、今、少しずつピースが埋《う》まってきている感じです。

まだ全部は埋まっていませんが、少しずつ部分的に見えてきています。

地球というものを一つのジグソーパズルに譬《たと》えるならば、いろいろなピースを当てはめていくうちに、「これがアフリカかな」「これはオーストラリアかな」「アメリカのようなものが現《あらわ》れてきたな」などという感じで、しだいに形が見えてきている段階《だんかい》なのです。

まだ完成はしていませんが、複数《ふくすう》の違《ちが》うものを並《なら》べているうちに、互《たが》いにつながってきつつあるように思われます。

「宇宙人《うちゅうじん》リーディング」のメカニズム

ただ、その手法としては、「宇宙人《うちゅうじん》リーディング」という、私自身も聞いたことがない手法をとっています。「なぜ、そのようなことができるのか」というメカニズムについては、はっきり言って、私自身にもよく分からないところがあります。

初期に霊言を録っていたころには、「なぜ、こんなに高級霊が出てくるのだろう」という不思議な感覚がありましたが、それと同じように、「魂《たましい》の記憶《きおく》の中から、地球人になる前の、宇宙人であった時代の部分を呼《よ》び出し、現在《げんざい》ただいまに、現在進行形で対話ができるかたちで再現《さいげん》することができる」というのは、非常《ひじょう》に不思議な感じがします。

当会の書籍にもよく出ていますが、「人間は、死んであの世に還《かえ》ったあと、自分の人生ドラマを一時間か二時間ぐらいにまとめたものを上映《じょうえい》され、見せられる」と言われています。「その人の人生は、どのようなものであったか」という、人生の総集編《そうしゅうへん》のようなものを、まるで映画でも見るようにザーッと見せられるわけです。

そして、それを見た人たち全体の意識《いしき》によって、「どういう人であったのか」

の判定《はんてい》、格付《かくづ》けが行われ、「この人は、こういう世界に行くべきだろう」ということが決まるのです。

そうした今世《こんぜ》の約八十年の人生ドラマが、わずか一時間か二時間ぐらいの感じにギュッと凝縮《ぎょうしゅく》して上映されるわけですが、人生のトピックスを集めたら、それらしい映像が出来上がるのです。

「宇宙人リーディング」の場合は、その範囲《はんい》をさらに広げて、魂の出発点からの長い歴史をギュッと凝縮し、宇宙人であった部分を取り出して上映する感じに近いかもしれません。そうすると、まるで、現在、生きているかのように、宇宙人の意識が現れてくるのです。

映画の場合、その映像は過去《かこ》に録られたものなので、上映中、それに手を加えることはできませんが、おそらく、未来には、映画の上映中に、観客が登場人物と会話できるようなものが開発されるのではないかと思います。

例えば、「カウボーイが出てきて、宇宙人と戦う」というシーンが出てきたときに、観客が、「質問《しつもん》！」と言って手を挙げたら、映像の中のカウボーイが、「うん？　何ですか」と言って振《ふ》り返るわけです。

それで、「カウボーイ姿のあなたが、なぜエイリアンと戦えるのですか」と訊《き》くと、「実は、私が持っている武器《ぶき》には、こういう機能《きのう》があり、これで、エイリアンの円盤《えんばん》のあの部分を狙《ねら》って撃《う》てば、撃ち落とせるんだよ」などということを、カウボーイが答えてくれるのです。そういった具合です。

あと何十年かすると、そういう時代が来るかもしれません。

それと同じように、「宇宙人リーディング」の場合も、過去の映像ではあるのですが、その中の人物が、「すでに亡《な》くなっていて、もう話すことができない過去の人」というわけでなく、現在ただいまも、「生きている魂」として存在《そんざい》しているがゆえに、過去の事象について質問すると、現在の魂の意識が過去の記憶のほうに投影《とうえい》され、説明を加えてくれるのではないかと思います。

今、3D《スリーディー》映画が流行《はや》ってきていて、映画も二次元から三次元へと移行《いこう》しつつありますが、やがて、過去のヒストリーを現在ただいまのように再現できる時代が来るのではないでしょうか。

現在、その走りのようなものが起きているのではないかと思います。

魂の記憶を、数万年前、数十万年前、さらに、数百万年前、数千万年前、数億年前、あるいは、それ以上前まで遡《さかのぼ》って再現できる理由については、そのように説明することができるでしょう。

時空間を飛び越《こ》える原理の存在《そんざい》

また、別のかたちで言えば、宇宙から来た魂たちがよく語っていることですが、「時空間を飛び越《こ》える」という説明の仕方も可能《かのう》だと思います。

宇宙のほかの星から地球に来るためには、近い星でも四光年ぐらいの距離《きょり》があるので、光の速度で飛んでも、地球時間で四年ほどかかります。遠い星であれば、地球まで何百万光年とか何億光年とかの距離があるため、光の速度でも、とても辿《たど》り着くことはできません。

例えば、一億光年の彼方《かなた》にある星に住んでいる人が地球に来る場合、もし一億年かけて飛んで来なければならないとしたら大変です。しかし、実際には、宇宙の中のワームホール、つまり、時空間を短縮できる特別なトンネルのようなものを通って来ているはずです。

そのときに、彼らは、空間的な距離を飛び越すと同時に、おそらく、一億年という時間をも飛び越して来ているのだろうと思います。

宇宙人の魂たちと話していて、「それは何年前のことですか」と訊いても、返答に困《こま》ってしまい、時間が確定《かくてい》しないことが多いのですが、このあたりに、その理由があるのかもしれません。

「竜宮城《りゅうぐうじょう》に何日かいたら、地上では何百年もたっていた」という昔話の世界ではありませんが、宇宙船に乗り、時空間旅行をして地球に来たら、地球時間に換算《かんさん》すると、一億年たっていたとか、五億年たっていたとか、十億年たっていたというようなこともありえます。そうすると、彼らは、「何億年も前の人でありながら、現在の人でもある」ということになります。そういう非常に矛盾《むじゅん》した世界があるわけです。

最近、「猿《さる》の惑星《わくせい》」シリーズの新しい映画がありましたが、古いほうの「猿の惑星」は、宇宙を探索《たんさく》していた宇宙飛行士たちが、ある星に辿り着き、「ここは未知の星だ」と思って調べていくうちに、砂浜《すなはま》に埋もれた自由の女神像《めがみぞう》などが出てきたりして、そこが、実はニューヨークであり、未来の地球の姿であったことが分かったのです。そういう内容でした。

要するに、「宇宙を旅して地球に戻《もど》ってきてみたら、実は、かなり時間がたっていて、すでに人類はほとんど滅《ほろ》びてしまい、進化した猿が支配《しはい》する世界になっていた」というような話であったと記憶しています。

そういうこともありえますし、あるいは、タイムマシンではるか未来の時代まで行ったつもりでいたところ、「実は、同じ所に戻ってきていただけだった」というようなこともありうるかもしれません。

「タイムマシンの原理」も、意外に、「宇宙航行の原理」と関係がある可能性もあります。時空間の秘密《ひみつ》を解《と》き明かすことができれば、おそらく、どちらの原理についても説明がつくようになるのではないかと思います。

ただ、今、言えることは、「この世の『距離』といわれるものを一瞬《いっしゅん》のうちに移動できたり、あるいは、時間についても、違う時間に移動できたりする可能性がある」ということです。

譬《たと》え話としては、「時間というものは、円環《えんかん》、あるいは渦巻《うずま》き、螺旋状《らせんじょう》になっていて、必ずしも一直線に前に進んでいくようなものではない。巻貝《まきがい》のように螺旋状に進んでいき、前に行ったり後ろへ戻ったりしながら、グルグル回っているのだ」というような言い方がよくなされます。

したがって、「座標《ざひょう》を決めると、おそらく、違った時間帯に移動できるのではないか」という感じがするのです。

過去《かこ》・現在《げんざい》・未来は「握一点《あくいってん》、開無限《かいむげん》」

このあたりのことを研究するのが、次の宇宙科学、宇宙物理学の世界でしょうし、宇宙物理学と未来宗教《しゅうきょう》とが合体していかなければならないところだと思います。

その原理については、まだ十分に説明し切ることはできませんが、どうやら、過去《かこ》・現在《げんざい》・未来は、一瞬にして通じる世界であるらしいことは分かっています。誰《だれ》でもそのようになるかどうかは分かりませんが、少なくとも私の場合には、過去・現在・未来は「握一点《あくいってん》、開無限《かいむげん》」です。これは、「握《にぎ》れば一点となり、開《ひら》けば無限となる」という意味ですが、「宇宙という、無限に広がっている世界も、握れば一点に凝縮して、掌《てのひら》の上に乗るようなものになるし、開けば無限大に広がっていく」ということです。

何億年、何十億年、何百億年、一千億年という長い歴史も、一点に縮《ちぢ》めれば、実は、どの時代にでも行くことが可能です。ある意味では、未来の時間もすでに流れているのです。

以前、私は、「UFOや宇宙人などが隠《かく》されているのではないか」と言われているアメリカのネバダ州にあるエリア51の透視《とうし》実験を行ったことがありますが（二〇一一年八月四日に、「ネバダ州米軍基地《きち》エリア51の遠隔《えんかく》透視に挑戦《ちょうせん》する――

果たして宇宙人は地球に実在するか――」を収録《しゅうろく》)、もしかしたら、「未来透視」もできるかもしれません。

つまり、未来のある時点について、時間と場所を設定《せってい》し、知りたいことを特定して、そこに意識を集中すれば、透視できる可能性があります。例えば、「西暦《せいれき》三一〇〇年の、この地域《ちいき》の、こういう状況《じょうきょう》について、透視してください」と言われて、そこに意識をフォーカスすると、私は、今から約千百年先の未来の姿を描写《びょうしゃ》することができるのではないかと思います。そういう気がするのです。

まだ行《おこな》ったことはありませんが、もしかしたら、そういうこともできるかもしれませんし、あるいは、「今から千年後に、〇〇星で、どのような未来社会が展開《てんかい》しているかを透視してほしい」と言われれば、それもできるのではないかと思います。

実は、これが、「悟り」といわれるものの正体なのです。今、私は、そういう

「時空間を超えた悟りの世界」に入り込《こ》もうとしていることを自分でも感じています。

もし、これが「エル・カンターレの悟り」の特徴《とくちょう》の一つとして挙げられるものだとすれば、確《たし》かに、「過去の仏陀《ぶっだ》やキリストが説いた教えを超えている」と思います。

2　現代《げんだい》の神話としての「宇宙人《うちゅうじん》リーディング」

「量」が「質《しつ》」に変わるとき

今後、必要になるのは、「宇宙人《うちゅうじん》リーディング」の真実性と実証性《じっしょうせい》の部分でしょう。それが必要だと思います。

確《たし》かに、現在《げんざい》でも、「宇宙人の声が聞こえる」という人はたくさんいます。いわゆる霊界《れいかい》の霊人が語っているのか、それとも、本当に宇宙人が語っているのか、そのへんは分かりませんが、チャネラーといわれる人の中には、「宇宙人と称《しょう》する者の声が聞こえる」という人がいるのです。そういう人は、日本だけではなく、英米圏《けん》にもけっこういます。

ただ、宇宙人からの通信と称する本をいろいろと読むかぎりでは、当会の普通《ふつう》の霊言《れいげん》とあまり変わらないような感じもします。

あるいは、外国のものですが、シルバー・バーチやホワイト・イーグルの霊言とも似《に》ています。これらは、実は、霊界の霊人が古代インディアンの名前を使って語っているものですが、そのインディアンのところを宇宙人に置き換《か》えると、同じような内容《ないよう》になってしまうことも多いのです。

つまり、「宇宙人の声が聞こえる」と言いつつも、宇宙の星の描写《びょうしゃ》そのものは、極《きわ》めてシンプルなものしかありません。五分以内ですぐにつくれるような設定《せってい》しか入っておらず、詳細《しょうさい》を語ることができていないのです。あのレベルであれば、地球の霊人でも十分に創作できる範囲《はんい》なので、「当会以外のものに関しては、宇宙人の霊言である確証《かくしょう》は十分にはない」と考えています。

一方、当会から出ている「宇宙人リーディング」の内容そのものは、複数《ふくすう》の対象から個別《こべつ》に取ってきた情報《じょうほう》ではありますが、互《たが》いにつながっている部分がかなりあります。そのため、これを続けていけば、どこかで、「量」が「質《しつ》」に変わってくるときが来ると思います。

いろいろな種類の内容を持ったものを大量に出し続けていくこと自体、通常、創作《そうさく》では不可能《ふかのう》です。真実のものである以上、出し続けていけば、必ず、「量」が「質」に変わり、全体像が見えてくるときが来るであろうと感じています。

まずは「宇宙人《うちゅうじん》の存在《そんざい》」を常識《じょうしき》に

特に、最近では、プレアデスやベガという星が、非常《ひじょう》に縁《えん》の深い星であることが分かってきています。それが、「地球との縁なのか、当教団《きょうだん》との縁なのか」ということは少し分かりかねますが、プレアデスやベガは私たちと非常に近い関係にあり、私たちは彼らの影響《えいきょう》をかなり受けているようです。また、「彼らのルーツは、金星時代にあった文明ともつながっているらしい」ということも分かっています。

私の著書《ちょしょ》『太陽の法』には、「地球文明のルーツは金星文明にあり、今、エル・カンターレと名乗っている存在《そんざい》は、かつて金星ではエル・ミオーレと名乗っていた」というように書かれています。

そして、その『太陽の法』にまだ説かれていない内容として、「エル・ミオーレ、ないし、エル・カンターレという存在は、その分身を他の星にも下ろしたことがあるらしい」ということが、「宇宙人《うちゅうじん》リーディング」を通して、ちらちらと見えてきています。

プレアデスやベガ等の、当会とかなり近い関係にある星には、過去《かこ》、エル・カンターレの分霊《ぶんれい》、分身が出たようです。あるいは本体が出たこともあるかもしれません。今後、「宇宙の法」が進展《しんてん》していくと、そういう歴史が語られる可能性は極《きわ》めて高いと思います。例えば、「プレアデス時代のエル・カンターレ」とか、「ベガ時代のエル・カンターレ」とか、そういう内容が出てくる可能性もあるでしょう。

ただ、その前の段階《だんかい》として、やはり、人々に、「宇宙には、スペース・ブラザーズ、スター・ピープル、すなわち宇宙人たちが実際《じっさい》に住んでいて、そうした、星の仲間たちは、それぞれの星で独自《どくじ》の文明をつくっている」ということを、ある程度《ていど》、理解《りかい》してもらう必要があります。そういう基礎《きそ》、下地ができてくれば、他の星におけるエル・カンターレの転生《てんしょう》の物語なども出てくるものと思います。それは、ある意味で、宗教《しゅうきょう》によくある、神話の部分に相当するものかもしれません。

どのような宗教においても、地球創世についての不思議な物語がたくさん出ており、現時点で解釈《かいしゃく》するかぎりでは、どれも摩訶《まか》不思議な話ばかりです。当会においては、それが宇宙規模《きぼ》で説かれようとしているのかもしれません。

そうした、過去に起きた、神話と思われるような内容の中にも、現時点での真理は入っているでしょう。

また、それは、人類の未来を見るための一つの思考材料にもなるだろうと思います。つまり、「宇宙においては、地球で見ることのできない多様な文明が展開されている」ということを知れば、地球人にとって、未来文明の可能性が広がることを意味しているだろうと思うのです。

「宇宙人《うちゅうじん》リーディング」が明かす、人類や動物の起源《きげん》

人類の中には、かつて宇宙《うちゅう》から地球にやってきた人も数多くいますが、その中には、「宇宙人として地球に住みながら、しだいに地球人に同化していった人」や、「魂《たましい》として地球に渡《わた》ってきて、地球人の体の中に宿り、住み始めた人」など、いろいろなケースがあるようです。

また、「地球の動物の先祖《せんぞ》の中には、かつて、宇宙から肉体を持ってやってきたものがいるらしい」ということも判明《はんめい》しています。

ただ、現時点では、地球上のすべての生命《せいめい》について、「宇宙にも似たような姿《すがた》をしたものが存在する」というところまでは確認《かくにん》されていません。

家畜《かちく》やペットなど、人間の近くに住んでいて、われわれがよく知っているよう

な動物たちの姿は、宇宙でもかなり見受けられますが、まだリーディングに出てきていないものもあるので、「地球の動物は、すべて、宇宙から〝ノアの方舟《はこぶね》〟に乗せられて地球に来た」とは言えないでしょう。部分的には宇宙から来ているのでしょうが、やはり、地球で発生したものや、地球で変化して分かれていったものもあるだろうと思います。

その意味で、現在、学説的には主流であるダーウィン的な進化論《しんかろん》は、「半分は合っているが、半分は間違《まちが》っている」と言わざるをえません。

進化論によれば、「タンパク質のかたまりのようなものが動き始めて最初の生物ができ、次に微生物《びせいぶつ》のようなものができ、それが変化していって、最終的に、今のような両生類や爬虫類《はちゅうるい》、鳥類、哺乳類《ほにゅうるい》などに進化していった」ということになりますが、当会の「宇宙人リーディング」その他を読めば、これは間違っていることが分かります。

つまり、爬虫類や鳥類、あるいは哺乳類のたぐいは、進化の系統樹《けいとうじゅ》で分かれていったものではなく、過去のある時点で宇宙から地球に入ってきたものなのです。

「進化論《しんかろん》」に秘《ひ》められた真実

「宇宙人リーディング」によれば、他の星にも、シカ、ウサギ、リス、ブタ、カピバラ等、動物の姿をしたものが存在するようです。そして、地球に来て以降《いこう》、その原形をとどめているものもあれば、大きくなったり小さくなったりするなど、体形が変化したものもあるのではないかと思われます。

また、爬虫類の仲間も地球にかなり来ていることは、ほぼ確実であると見ています。今は「死滅《しめつ》した」と考えられている恐竜《きょうりゅう》のたぐいも、気候が温暖《おんだん》で食料が豊富《ほうふ》だったため、地球で巨大化《きょだいか》したようです。

全盛期《ぜんせいき》には、体長が数十メートルもある大きな恐竜が存在したことが、化石等から分かっているのですが、「宇宙人リーディング」によると、地球に来た当初は、そこまで大きくないように思われるのです。もともとは数メートルぐらいだったものが、地球で大きくなっていき、その動物体としての体を進化させたようです。

一方、爬虫類型の生き物として地球に来たものの、その後、人類のほうへと変化していったケースもあるのではないかと思われます。

このあたりを、今後、もっともっと緻密《ちみつ》に研究したいと考えています。ただ、少なくとも言えることは、「現在の科学が主張《しゅちょう》しているような、『タンパク質のかたまりのようなものが収縮《しゅうしゅく》するあたりから始まって、次第しだいに生命《せいめい》ができ、やがて、ネズミのような生き物が生まれ、それが先祖になって人間ができてきた』という歴史ではない」ということです。

その意味では、今の進化論《しんかろん》は間違っています。ただ、地球での環境《かんきょう》に応《おう》じて変化してきたことは事実であろうと考えています。

ちなみに、恐竜のような生き物は、今はもう本当に存在しないのでしょうか。それに関しては、まだ分からないところがあります。海では、ときどき、巨大生物が目撃《もくげき》されたり、謎《なぞ》の死体が捕獲《ほかく》されたりしています。海は広く、船が遭遇《そうぐう》する可能性も低いので、巨大生物はまだ存在するかもしれません。

場合によっては、私がネス湖などを透視《とうし》してみても面白《おもしろ》いでしょう。遠隔《えんかく》透視によって、ネス湖に巨大生物が住んでいるかどうか、隅《すみ》から隅まで調べることも可能ではありますが、調べる範囲が広いので、そうとう時間がかかると思います。

ともあれ、「宇宙人リーディング」によって、本当の意味での秘密《ひみつ》、すなわち、「進化論」に秘められている真実と間違いが明らかになってきています。さらに、『旧約聖書《きゅうやくせいしょ》』に書かれている人類創成の神話についても、その一部は当たっていて、「地球で人類が創《つく》られたこともあるらしいが、一部には、宇宙から来ている者もある」ということが分かってきているのです。

『竹取《たけとり》物語』の「かぐや姫《ひめ》」は宇宙人《うちゅうじん》だった？

また、日本の神代《かみよ》の神話を読むと、神々が住む天の世界（高天原《たかまがはら》）と、この世の世界との間に、天浮橋《あまのうきはし》という階段状の橋が架《か》かっていて、その橋から神々が国づくりをしている話などが出てきます。ただ、その描写を見るかぎり、高天原とこの世との区別があまり付かず、神々は、その橋を行ったり来たりしています。あるいは、天鳥船《あめのとりふね》という宇宙船《うちゅうせん》らしきものに乗って空を飛ぶ神々も出てきたりします。

このあたりには古代の伝承《でんしょう》が何かあるのだろうと思いますが、怪《あや》しいところもあり、宇宙との関連があるようにも感じられます。

例えば、最近、私には、日本の古典である『竹取《たけとり》物語』の「かぐや姫《ひめ》」の話が、宇宙人伝説に見えてしかたがありません。

『竹取物語』は次のような内容です。

あるおじいさんが竹藪《たけやぶ》の中で竹を取っていると、筒《つつ》の中から光の出ている竹があり、その中に、身長が十センチぐらいの、かわいらしい女の子が座《すわ》っていました。

家に連れ帰って育てると、その子は、しだいに大きくなり、三カ月後には大人の背丈《せたけ》になりました。この女性は実に美しく、お姫様のようであり、「かぐや姫」と名付けられました。

しかし、あるとき、このかぐや姫は、「次の満月の夜が来たら、私は月の世界に帰らなければなりません。月の世界から使者が迎《むか》えに来るでしょう」と告げたのです。そして、実際に月からの使者はやってきました。「竹取物語絵巻《えまき》」には、光る雲に乗って牛車《ぎっしゃ》が迎えに来ている場面が描《えが》かれています。

このとき、かぐや姫を護《まも》るために配備《はいび》されていた兵士たちは、家の屋根の上で弓を取り、矢をつがえようとするのですが、体がしびれて動けなくなってしまいます。

これは、現在よく起きている、宇宙人による「アブダクション（誘拐《ゆうかい》）」とよく似ています。宇宙人に拉致《らち》されている間は、体が本当に動かなくなるらしいのです。「何かをしようとしても、体が停止状態《じょうたい》になって動かなくなり、宇宙人たちの好きなようにされてしまう」という現象が起きているので、『竹取物語』には、実際にあった話がかなり混《ま》ざっているのではないかと思われます。

それから、「かぐや姫は、当初、小人《こびと》か、とても小さい子供《こども》のようだったのに、やがて地球人の大人のサイズになった」ということも、かぐや姫が宇宙人なのであれば、ありうることです。

例えば、ベガ星人は「宇宙人リーディング」によく出てきていますが、ベガ星人たちの話を聴《き》くと、自分の姿をいくらでも変化させられるようです。

また、私の子供時代には、私の生誕地《せいたんち》である徳島《とくしま》県の隣《となり》の高知県あたりでは、三十センチぐらいの小型のＵＦＯが田園地帯で数多く目撃されたことがあり、写真も数多く撮《と》られました。

そのような小型円盤《えんばん》で宇宙人が来ているとしたら、その中に乗っている人は、ものすごく小さい、本当に小人のような宇宙人でしょう。そういう小さな宇宙人も存在しうるのかもしれません。

3　明かされつつある「エル・カンターレの秘義《ひぎ》」

人類普遍《ふへん》の真理を説いた上で、霊界《れいかい》や宇宙《うちゅう》の探究《たんきゅう》を

二〇一〇年の年初に「宇宙《うちゅう》の法」の法門を開《ひら》いてから（『「宇宙の法」入門』〔幸福の科学出版刊〕参照）、現時点《げんじてん》で、まだ二年ぐらいしかたっていないので、今は、「まあ、こんなものかな」と私は思っているのですが、五年ぐらいたつと、そうとう〝不思議の世界〟まで入っていくかもしれません。

霊界《れいかい》について、まだ人々に十分に信じていただけてはいないのに、今、さらに宇宙の世界にまで入っていこうとしています。人々に霊界の存在《そんざい》を信じさせることが、この程度《ていど》しかできていないにもかかわらず、宇宙の世界へと人々をナビゲ

ート（道案内）していこうとしているのです。これは、当会に、かなりの自信と社会的信用がなければできないことだと思います。

どの宗教《しゅうきょう》にも教団《きょうだん》としての神秘《しんぴ》の部分はあるものなので、これについて、世間から、この世的な見方であれこれ言われても、しかたのないところがあります。この部分に関しては、「信じるか、信じないか」ということだけなので、教団に対する特別な迫害要因《はくがいよういん》を生まないように気をつけながら、自由に探究《たんきゅう》させていただくつもりです。

それと同時に、それ以外の部分では、「この世の人たちが、適正《てきせい》に、正常《せいじょう》に生活でき、精神《せいしん》や行動に異常《いじょう》をきたしたりしないようにしたい。人々が当会の教えによって啓蒙《けいもう》され、まともな人間として成長し、リーダーになっていけるようであってほしい。そのためにも、当会は、宗教としての善《ぜん》なる部分を内包していなければならない」と考えています。

各宗教で共通に説かれている人類普遍《ふへん》の真理が、やはり、当会にもしっかりと流れていなくてはいけないのです。

そういうものがあり、それに関する社会的信用がきちんとあった上で、プラスアルファとして、あの世の次元構造《こうぞう》が明かされ、さらに、今、宇宙の構造や宇宙の原理、さまざまな宇宙の秘密《ひみつ》が明かされようとしているのだと思います。そして、単なる掛《か》け声として言っていたように思われていたことが、「掛け声ではなく、実際《じっさい》に、そのとおりなのだ」と思われるようになってきつつあるのです。

幸福の科学の「秘教《ひきょう》」は、教団《きょうだん》の発展《はってん》に応《おう》じて明かされる

私が『太陽の法』の旧版《きゅうはん》を書いたのは一九八六年であり、今から二十五年ほど前ですが、その時点で、すでに、第1章には、創世記《そうせいき》に当たる、「太陽の昇《のぼ》る時」という章を書いてあります。その内容《ないよう》は、当時の人たちの多くには荒唐無稽《こうとうむけい》に見

えただろうと思いますが、そこには、宇宙から来た人や生命創造のことが書かれているのです。

また、『太陽の法』には、最初の改訂時《かいていじ》（一九九四年）に、「エル・カンターレへの道」という副題を付けましたが、「エル・カンターレ」という言葉自体は旧版でもう出ていましたし、一九九一年には、東京ドームでの説法において、「エル・カンターレ宣言《せんげん》」を行いました（『理想国家日本の条件《じょうけん》』〔幸福の科学出版刊〕第１章参照）。

このように、エル・カンターレという存在と、その秘義《ひぎ》について、次第しだいに明かされつつあるわけです。

最近、私が「宇宙の法」を説き始めたため、もしかしたら、「急に変なことを言い始めた」と感じている人もいるかもしれませんが、そういうわけではなく、それは当会の教えに最初から入っていたのです。

当会の教えには、宗教や道徳《どうとく》、哲学《てつがく》、あるいは行動指針《ししん》として、人類が勉強して役に立つ部分もありますが、それ以外の神秘の部分、秘教《ひきょう》部分については、最初から持ってはいたものの、教団《きょうだん》の発展《はってん》に合わせ、自信相応《そうおう》に出してきています。したがって、もう一段《いちだん》の自信がつけば、あらゆることについて述《の》べることができるかもしれません。

さらに、幸福の科学の秘教部分に、実は、未来科学の種がヒントとして入っている可能性《かのうせい》は極《きわ》めて高いのです。

未来社会がどうなるかが分かれば、たちまちにして誰《だれ》もが大金持ちになれたりするでしょう。例えば、「鉄道が敷設《ふせつ》される」ということが、あらかじめ分かっていれば、敷設予定地の山林《さんりん》を買った人たちは、みな大金持ちになります。

このように、未来に起きる産業が分かっていて、それに合わせたことを事前にしていれば、大成功することがあるでしょう。

したがって、「未来社会について、どこまでヒントを与《あた》えられるか」ということも、私の大事な仕事の一つだと思います。

プレアデスやベガなどの教えは「地球的仏法真理《ぶっぽうしんり》」のルーツ

今、幸福の科学が主に影響《えいきょう》を受けている星は、前述《ぜんじゅつ》したベガとプレアデスの二つだと思われます。

プレアデスの教えには「美」「愛」「調和」が入っており、一部、「発展」も入っているようです。プレアデスは、それらのものを象徴《しょうちょう》しており、当会が教えの中で強調しているものがかなり入っています。

一方、ベガのほうは、当会の秘教部分に当たる、神秘的な「心の教え」と、実は関係があるように思われます。当会には、「一念三千《いちねんさんぜん》」的に、「心のあり方次第で、その人の運命も変われば、周りも変わっていく」という教えがありますが、そういう深遠《しんえん》な仏教《ぶっきょう》的教えのルーツとして、ベガの教えがあるように思われるのです。

ベガの人たちについては、「反射鏡《はんしゃきょう》のように、相手に相手自身の姿《すがた》を見せる。相手が『見たい』と思う姿を相手に見せていく。ベガの人に対して、相手は自分の姿を投影してしまう」とよく言われています。

そういうところは、実は私にもあります。それは昔から私自身が感じていたことなのですが、私には、相手が見たいものを見せてしまう傾向《けいこう》があるのです。おそらく、私の中には、そういうベガ的なるものも一部あるのではないかと思います。

当会の教えの一つは、「心の世界を変えると、外の世界も変わる。心のあり方次第で、世界のありようが変わっていくし、自分の運命も姿も変わっていく」というものなのですが、これは、ある意味で、ベガを貫《つらぬ》く真理の一つなのかもしれません。

こうした、宇宙の中で説かれている真理が、今、地球的なかたちに姿を変えながら、仏法真理として説かれているのです。

宇宙のさまざまなところで説かれている教えや、「正しく運営《うんえい》されている」と思われる文明の教えも取り込《こ》みながら法を説き、その次に、「宇宙の中での善悪」や「宇宙的正義とは何か」ということまで、説き来たり、説き去るのが、私の使命だと思います。

「宇宙の法」の探究は、まだ始まったばかりです。これは、私の今世《こんぜ》の命の続くかぎり、探究していかなければならないものだと思います。これができる人は、今後、それほど数多く出てくるとは思えないので、できるかぎり、私が自分でやれるところまでやっておきたいと考えています。

こうした、一般《いっぱん》には知りえないようなことが、おそらく、二千年後や三千年後まで遺《のこ》る法の一部となるのではないかと感じています。「不滅の法」の中には、やはり、「宇宙の法」の一部が入っているのではないかと考えているのです。

本章では、「宇宙時代への目覚め」というテーマに関して、現在進行形のことについても触《ふ》れてみました。

今後も、そうした神秘的な教えを説けるように、教団の体制《たいせい》をつくり、前進していきたいと思います。

第５章　救世の時は今

――未来の人類の生存と繁栄《はんえい》のために

1 「大悟《たいご》三十周年・生誕《せいたん》五十五周年」の節目《ふしめ》に当たって

今年（二〇一一年）は、私にとって、大悟《たいご》三十周年、生誕《せいたん》五十五周年という、大きな節目《ふしめ》の年です。また、教団《きょうだん》にとっても、立宗《りっしゅう》二十五周年に当たる、大きな節目の年です。

今の私《わたくし》の感想を率直《そっちょく》に述《の》べるとすると、「やっと、思っているところの三合目、三割《わり》ぐらいまで来たかな」という気持ちです。

思いは、まだまだ、はるかに届《とど》かないところにありますが、「この地上に生《せい》を享《う》けてよりこのかた、五十五年かかって、今、何とか、本来の使命の一端《いったん》なりとも果たすことができる位置に立てている」ということを、とてもうれしく思います。

そして、「これは多くの人々のおかげである」と、心の底より感じています。私《わたくし》個人《こじん》としては、今世《こんぜ》、この地上に命を得てより、人間としての努力をなしてきましたが、「今日《こんにち》ただいま、私《わたくし》がここにあり、その使命の一端を果たすことができるのは、多くの人々の支《ささ》えがあってのことである」と、心の底より感謝《かんしゃ》申し上げる次第《しだい》です。

私は、常々《つねづね》、「人というものは、自ら望んで高みに立つことはできない」と、自らを戒《いまし》めています。「多くの人々の支持《しじ》を受け、多くの人々の信頼《しんらい》を勝ち得、多くの人々の賛同《さんどう》を受けて初めて、大いなる仕事を成し遂《と》げることができるものである」と、心の底から思っているのです。

2　世界の人々に「あるべき姿《すがた》」を示《しめ》すことの難《むずか》しさ

今、私は、日本の国に対して、また、世界に対して、数多くの提言《ていげん》をし、意見を述《の》べ続けています。その提言の裏《うら》では、もちろん、そうした言葉を受け止める人たちの、日々の厳しい立場や努力を十分に知っているつもりですし、敬意《けいい》は払《はら》っているつもりです。

例えば、日本という国一つをとっても、「この国に責任《せきにん》を持つ」ということは、おそらく大変なことでしょう。この国の責任者は、どのような偉大《いだい》な人であろうとも、平凡《へいぼん》に見えたり、平凡以下に見えたりすることもあるでしょう。

あるいは、アメリカ合衆国《がっしゅうこく》という、世界のリーダーとなっている国の大統領《だいとうりょう》になれば、他《た》の人たちより、はるかに優《すぐ》れた人であっても、凡庸《ぼんよう》に見え、それを批《ひ》判《はん》されたりすることもよくあるのではないかと思います。

一方、全世界ということで見たならば、「この全世界に対し、あるべき姿《すがた》、あるべき方向に向けて的確《てきかく》な指針《ししん》を出し、『進むべき方向は、こちらである』と、過《あやま》てることなく指し示《しめ》し続けることは、至難《しなん》の業《わざ》である」ということも、私は、常々《つねづね》、感じています。

それぞれの国において、それぞれの国の求める幸福感や達成感、国家目標というものがあるでしょう。その中で、「どうすれば、全世界の人々が最大の幸福を実現《じつげん》することができるか。そして、いかにすれば、その最大幸福の中からはぐれた者たちにも救いの手を差し伸《の》べて、彼らを一歩でも前進させることができるか」ということは、この上なく難《むずか》しいことであると感じています。

私は、この地上世界ではなく、霊天上界《れいてんじょうかい》において、長らく人類の歴史を見つめてきた者として、そうした人類の歴史をつくり上げることを考えてきた者として、「自らこの地上に下りて、世界の人々に教えを説き、あるべき姿を示す」ということが、どれほど難しいことであるか、それを、わが身をもって感じ取っています。それはそれは大変なことであるのです。

3 変革期《へんかくき》を迎《むか》えている人類

この世を超《こ》えた世界にある「崇高《すうこう》な存在《そんざい》」を信じよ

現在《げんざい》、約七十億の人口が全世界に存在《そんざい》しています。われわれ幸福の科学の力はまだ微力《びりょく》ではありますが、私の教えは世界九十カ国以上に届《とど》いています（二〇一一年十二月時点）。それぞれの国で、未来の国家建設《けんせつ》に役立てるために、この教えを学び、広げ、活用しようとしている仲間たちが活動しています。

この教えは、はるかなる遠い世界から、この地上に下りてきて、この地上に住む、ありとしあらゆるものを幸福にしようとする光です。力です。方向です。私は、闇《やみ》を追い払《はら》うべき存在です。

人々は、それぞれ、自らの幸福を求めているのですが、多くの人間関係の中で苦しみや悲しみをつくり、心の闇を増《ふ》やしていきます。

また、世界の中では、会社であれ国家であれ、個人《こじん》を離《はな》れた、それぞれのまとまりの中で、幸福を求めて努力しているわけですが、その努力が他の国や他の人々を不幸にすることもあります。

それらは、すべて、「自らによかれ」と思う心の表れであり、「自分が幸福になれる」と思う方向を真っ直《す》ぐに目指してはいるものの、その途中《とちゅう》において、「他の人たちとの調和を、いかに成し遂《と》げるか」という視点《してん》を忘《わす》れたために起きる悪であり、不調和でもあると思うのです。

私《わたくし》は、みなさん一人ひとりが、限《かぎ》りなく、各人の個性《こせい》を伸《の》ばし、自分の成功感を味わい、幸福な状態《じょうたい》に到達《とうたつ》できることを祈《いの》っています。しかし、その過程《かてい》では、他の人々との関係において、いろいろな悩《なや》みや苦しみ、軋轢《あつれき》をつくるであろうことも予想しています。

だからこそ、私は、みなさんに述べたいのです。「人間」や「人間がつくったもの」、あるいは「人間世界そのもの」を超《こ》えた世界があり、その世界に崇高《すうこう》な存在があるという見方を忘れてはなりません。それを忘れたならば、この世における争い事は、決して、やむことがないのです。

「さまざまな個性や意見、思想がある」というのは尊《とうと》いことです。しかし、そのままであっては、単なる混乱《こんらん》になることもあります。

そうかといって、この地上において、いろいろな人々の意見や思想、信条《しんじょう》を無視したり、圧殺《あっさつ》したりして、単なる一つの考え方で全部を押《お》し潰《つぶ》そうとするならば、そこには大きな大きな不幸が生まれてくるであろうと思うのです。

「唯一《ゆいいつ》なるものは、はるかなる世界に、この地上を超えた、はるかなる世界にある。人間の手の届かない、はるかなる世界に、唯一なるものがあり、それを目指して、各人が、そして、各社会や各国家が切磋琢磨《せっさたくま》している。それぞれが向上を目指して切磋琢磨している」

そういう認識《にんしき》を持つことが大事です。その中に、それぞれの努力を認《みと》め合い、また、自分自身でそれを確認《かくにん》することの幸福も味わえるのです。

魂《たましい》の輝《かがや》きを失うことは「人類としての退化《たいか》」

その反面、謙虚《けんきょ》さも同時に持っていなければなりません。

ここ百年ほど、科学技術《ぎじゅつ》は大変に進歩しました。しかしながら、現在、この七十億の民《たみ》の心は、はたして、百年前や二百年前の人々よりも優《すぐ》れた状態になっているでしょうか。

みなさんは、知識のベース、情報《じょうほう》のベースでは、確《たし》かに、百年前や二百年前の人々よりも、はるかに多くのことを知っているでしょう。タイムマシンに乗って、百年前や二百年前に帰ったならば、みなさんは神のごとき存在として尊敬《そんけい》されるかもしれません。知識や技術の面では、おそらく、そういうところが大いにあるであろうと思います。

これが、学問の進歩であり、文明の進化であることは間違《まちが》いないでしょう。

されども、「人間は、その肉体に宿りたる、高貴《こうき》なる魂《たましい》である」という点を見落としてはなりません。

この世的な面において、どれほど、知識が増え、技術が向上し、金銭など収入《しゅうにゅう》的なるものが大きくなったとしても、その人間活動の中に込《こ》められたる生き方に、魂としての輝《かがや》きが失われていったとするならば、これは、残念ながら、人類としての退化《たいか》と言わざるをえないのです。

過去《かこ》の宗教《しゅうきょう》、哲学《てつがく》、思想の矛盾《むじゅん》を統合《とうごう》するために

「今、大きな大きな人口を抱《かか》えた、この地球という星において、変革期《へんかくき》が訪《おとず》れようとしている」と私は思います。

二千年前や二千五百年前に説かれた世界的宗教《しゅうきょう》は、その使命を終えつつあり、現代文明の中で十分に機能《きのう》し切れず、人々の心を救い切れずに苦しんでいるように思えます。

現時点で最高度に発展《はってん》していると思われるキリスト教社会においても、「二千年前のイエスの言葉に従うだけでは、現代の問題の答えを探《さが》し出せず、苦しんでいる」という状況《じょうきょう》が続いています。

二千五百年前の仏陀《ぶっだ》の言葉の中にも、現代では必ずしも解決《かいけつ》をもたらすものとはなっていないものが多くあります。

また、千四百年ほど前のムハンマド（マホメット）の言行録（『ハディース』）や『コーラン』の教えに基《もと》づいていても、現代のイスラム社会には数多くの矛盾《むじゅん》が生まれています。千数百年の歴史が、その考え方や正しさを風化させているのです。

今、千四百年前のイスラムの教えを信ずる人たちと、二千年前のキリストの教えを信ずる人たちとが、二十一世紀という時代に来て、相手を理解できないところが数多くなり、互《たが》いにぶつかり合い、さまざまな所で戦争の火種《ひだね》になっています。

その教えの開祖《かいそ》が、今、生きているとするならば、「その部分は、このような解釈《かいしゃく》に変えてよろしい。このように考え方をすり合わせていきなさい。そして、相手と調和していきなさい」と言えるのですが、歴史の彼方《かなた》に流れ去った宗教においては、もはや、開祖の言葉を時代に合わせて変えることができないでいるわけです。

そこで、今、私が、みなさんの前に現《あらわ》れて、いろいろな宗教や哲学《てつがく》、思想、人間についての考え方の矛盾を統合《とうごう》し、新しい人間観や社会観、そして、国家観、世界観を教えようとしているのです。

答えは、すべて、私の言葉の中にあります。未来の種《たね》は、私の数多くの著書の中に、もう書いてあります。これから、五百年、千年、二千年後の人々は、この中に答えを見いだしていくはずです。

4　未来の人々のために道を切り拓《ひら》け

「普遍《ふへん》の真理」を信じることで、世界を一つに

私は、私と同時代に生きている人々のためだけに教えを説いているのではありません。後《のち》に来る人々のためにも教えを遺《のこ》しています。また、いろいろな角度から、さまざまな論点《ろんてん》について学んでほしくて、いろいろな法話を数多くしている次第《しだい》です。

「世界の人口が、一億人から五億人、十億人、五十億人、七十億人、そして、やがては百億人へと増《ふ》えていく」ということは、それだけ、たくさんの考え方が存在《そんざい》しうるようになることを意味します。

そうした大勢の人々に自由を与《あた》えるならば、それは、同時に、「さまざまな意見があって、まとまらない」ということにもなりかねません。

そうなると、民主主義《しゅぎ》の最大の特徴《とくちょう》である、「多くの人々の意見を吸《す》い上げて繁栄《はんえい》できる社会をつくれる」という思想が、人数が多すぎるために、混乱《こんらん》を持ちきたらすことにもなりかねないのです。そのまま放置すれば、民主主義政治《せいじ》の死がやってきます。その終わりがやってくると思います。

そうかといって、「七十億人の世界の人々が、軍事独裁《どくさい》的、一党《いっとう》独裁的な専制《せんせい》政治、独裁政治の下《もと》に置かれることが幸福か」と問われたら、「いや、そんなことは決してない」と言わざるをえないのです。

人々は自由でなければなりません。なぜならば、人間は神の子だからです。人間は神の子としての自由と尊《とうと》さを保障《ほしょう》されなければなりません。それが人権《じんけん》なるものの根拠《こんきょ》です。

「基本的《きほん》人権が大事だ」と言っても、「人間は、自分たちが定めた法律《ほうりつ》によって尊いのではない。この地上に偶然《ぐうぜん》に生まれたから尊いわけではない。動物たちに比《くら》べて、道具が使えたり、発明ができたりするから尊いわけでもない」ということを知らなくてはならないのです。

人間は、神の子としての存在を許《ゆる》されているからこそ、尊いのです。人間は、その思いにおいて、創造《そうぞう》をなし、世界をつくり変えていくことができます。その思いにおいて、未来に向けて歴史を創《つく》っていくことができるのです。これが、人間が神の子であることの証明《しょうめい》なのです。

したがって、私は次のように述べたいと思います。

数多くの考え方をまとめなければいけません。しかし、それは、決して、この世における、専制的、独裁的、弾圧《だんあつ》的なものであってはならないのです。

この地上を離《はな》れた世界においては、あの北極星《ほっきょくせい》のように、普遍《ふへん》の真理が輝《かがや》いています。たとえ人類の手には届《とど》かなくとも、「確《たし》かなる北、真北はあちらである」ということを指し示《しめ》すことが大事です。

そうした未知の世界にあるものではありますが、この地上を超《こ》えた尊い価値《かち》を信ずることによって、人々は、お互《たが》いの意見や思想、信条《しんじょう》、人種、肌《はだ》の色、言語の違《ちが》いを超えて、一つにまとまることができるのです。

「現代《げんだい》の常識《じょうしき》」に流されず、勇気を持って生きよ

この世的には、戦乱の時代をつくらないようにするため、私は地上的なる努力もしています。

しかし、私《わたくし》自身の本心は、そうした現在《げんざい》ただいまの事象をはるかに離れ、「現在から未来に向けて、多くの人々が、どういう方向に向かっていったならば、真に幸福に生きることができるか。五百年後、千年後、二千年後、三千年後の人々

が心の指針《ししん》にできるような教えを説くことができるか」ということにあります。
それは、「現在ただいま生きている人々に百パーセント理解《りかい》されるかどうか」
ということとは関係なく、必要なことであると思っているのです。

人類には、真なる智慧《ちえ》が必要です。
真実を知ろうとする心が必要です。
真実を伝えようとする心が必要です。
真実を隠蔽《いんぺい》しようとするものに対して、
光を当てる勇気が必要です。
そして、未来に向け、力強い行動を起こすことが大事です。
今世《こんぜ》限《かぎ》りの小さな成功や失敗にとらわれてはなりません。
後《のち》に来る人々のために、正しい方向を示し続けることこそ、幸福の科学の信者の使命であると信じています。
それは、日本人であろうが、他の国の人であろうが、変わりはありません。

この世的には、政治的や外交的にぶつかることもあるかもしれません。
経済的《けいざい》に利害が相反《あいはん》することもあるかもしれません。
それは、この世的なレベルでは起きることでしょう。
それについては、人間の知力でもって努力し、解決して乗り越《こ》えねばなりません。

しかし、「それを超えた世界において、神の子として一体である」という事実は、決して忘《わす》れてはならないのです。

その意味において、
「現代の常識《じょうしき》に流されることなく、
勇気を持って生きていくことが大事である」と、
断言《だんげん》したいと思います。

日々、着々と布石《ふせき》を打ち続けよう

どうか、強くあってください。
真実を求めてください。
真実を追求し、探究《たんきゅう》し、実践《じっせん》する勇気を持ってください。
真実を隠蔽するものに対して弱くあってはなりません。
勇気もまた徳《とく》の一部です。
智慧もあり、勇気もあり、行動力もある人間になっていただきたいのです。

そして、どうか、
後《のち》に来る人々のために道を切り拓《ひら》くことをもって、
各人の使命としていただきたいと思います。
「自分ひとりだけの人生を拓けばよいのではないのだ」
ということを知ってください。
この国においても、他の国においても、
これから来る人々のために、
未来の人々のために、
未来の人類の生存と繁栄のために、
毎日毎日、着々と布石《ふせき》を打ち続けることこそ、
選ばれし幸福の科学メンバーの尊い使命であることを信じます。

あとがき

新しい時代が近づいている。
人類は、過去の常識と訣別《けつべつ》して、
新しい現実に立ち向かわなくてはならない。
「霊界」「奇跡」「宇宙人」
これらを知ることによって、
逆に、「地球人」へのパラダイムシフトが起きるだろう。
あなたは今、数千年の未来を開ける扉《とびら》の前に立っている。

この法が、未来人類をも指導する北極星《ほっきょくせい》であることを、
あなたは必ずや認めるようになるであろう。

二〇一一年　十二月

永遠《えいえん》の師《し》　大川隆法《おおかわりゅうほう》

本書は左記の法話をとりまとめ、加筆したものです。

序　章　心の中の宇宙
一九九八年五月二十一日説法
栃木県・宇都宮仏宝館

第1章　世界宗教入門
―「地球人」へのパラダイムシフト―
二〇一〇年十二月四日説法
神奈川県・横浜アリーナ

第2章　霊界と奇跡
二〇一一年四月十七日説法
福岡県・小倉支部精舎

第3章　霊性の時代へ
二〇一一年七月十三日説法
東京都・総合本部

第4章　宇宙時代への目覚め
二〇一一年八月六日説法
東京都・総合本部

第5章　救世の時は今
二〇一一年七月十日説法
千葉県・幕張メッセ

『不滅の法』大川隆法著作参考文献

『太陽の法』（幸福の科学出版刊）
『「宇宙の法」入門』（同右）
『宇宙人との対話』（同右）
『宇宙人リーディング』（同右）
『宇宙からのメッセージ』（同右）
『宇宙からの使者』（同右）
『レプタリアンの逆襲（Ⅰ・Ⅱ）』（同右）

不滅《ふめつ》の法《ほう》 ――宇宙時代への目覚め――

2012年1月1日　初版第1刷
2012年1月9日　　　第8刷

著　者　　大《おお》　川《かわ》　隆《りゅう》　法《ほう》

発行所　　幸福の科学出版株式会社

〒142-0041 東京都品川区戸越1丁目6番7号
TEL(03)6384-3777
http://www.irhpress.co.jp/

印刷　株式会社東京研文社
製本　株式会社ブックアート

落丁・乱丁本はおとりかえいたします

ISBN978-4-86395-161-7 C0014
Photo: ©F-WORK ©kimihito ©j1w1 (Fotolia.com)

救世の法

信仰と未来社会

信仰を持つことの功徳や、民族・宗教対立を終わらせる考え方など、人類への希望が示される。地球神の説くほんとうの「救い」とは――。

第１章　宗教のすすめ
第２章　導きの光について
第３章　豊かな心を形成する
第４章　宗教国家の条件
第５章　信仰と未来社会
第６章　フォーキャスト（Forecast）

1,800円

教育の法

信仰と実学の間で

深刻ないじめの問題の実態と解決法や、尊敬される教師の条件、親が信頼できる学校のあり方など、教育を再生させる方法が示される。

第１章　教育再生
第２章　いじめ問題解決のために
第３章　宗教的教育の目指すもの
第４章　教育の理想について
第５章　信仰と教育について

1,800円

奇跡のガン克服法
未知なる治癒力のめざめ

著者法話CD付

なぜ、病気治しの奇跡が起こるのか。その秘密を惜しみなく大公開！ 質問者の病気が治った奇跡のリーディング（霊査）内容も収録。

1,800円

真実への目覚め
幸福の科学《ハッピー・サイエンス》入門

2010年11月、ブラジルで行われた全5回におよぶ講演が待望の書籍化！ いま、ワールド・ティーチャーは、世界に語りはじめた。

1,500円

逆境の中の希望
魂の救済から日本復興へ

著者法話CD付

東日本大震災後、大川総裁が実際に被災地等に赴き行った説法集。迷える魂の鎮魂と日本再建に向けての具体的な指針などが示される。

1,800円

※表示価格は本体価格（税別）です。

大川隆法ベストセラーズ・人類の未来はどうなるか

「宇宙の法」入門
宇宙人とＵＦＯの真実

宇宙人シリーズ
第1弾

あの世で、宇宙にかかわる仕事をしている６人の霊人が語る、驚愕の真実。宇宙から見た「地球の使命」が明かされる。

1,200円

宇宙人による地球侵略はあるのか
ホーキング博士「宇宙人脅威説」の真相

物理学者ホーキング博士の宇宙の魂が語る、悪質宇宙人の地球侵略計画。「アンドロメダの総司令官」が地球に迫る危機と対抗策を語る。

1,400円

2012年人類に終末は来るのか？
マヤの「人類滅亡予言」の真相

2012年、マヤの予言によって人類は滅びるのか。その秘密に迫るなかで明らかになっていく、アメリカ失速の理由と人類の危機とは。

1,400 円

※表示価格は本体価格（税別）です。

大川隆法ベストセラーズ・神秘の扉が開く

神秘の法

次元の壁を超えて

2012年秋
映画化

この世とあの世を貫く秘密を解き明かし、あなたに限界突破の力を与える書。この真実を知ったとき、底知れぬパワーが湧いてくる！

1,800円

幸福の科学グループのご案内

宗教、教育、政治、出版などの活動を通じて、地球的ユートピアの実現を目指しています。

宗教法人　幸福の科学

一九八六年に立宗。一九九一年に宗教法人格を取得。信仰の対象は、地球系霊団の最高大霊、主エル・カンターレ。世界九十カ国以上に信者を持ち、全人類救済という尊い使命のもと、信者は、「愛」と「悟り」と「ユートピア建設」の教えの実践、伝道に励んでいます。

（二〇一一年十二月現在）

公式サイト
http://www.happy-science.jp/

愛

幸福の科学の「愛」とは、与える愛です。これは、仏教の慈悲や布施の精神と同じことです。信者は、仏法真理をお伝えすることを通して、多くの方に幸福な人生を送っていただくための活動に励んでいます。

悟り

「悟り」とは、自らが仏の子であることを知るということです。教学《きょうがく》や精神統一によって心を磨き、智慧《ちえ》を得て悩みを解決すると共に、天使・菩薩の境地を目指し、より多くの人を救える力を身につけていきます。

ユートピア建設

私たち人間は、地上に理想世界を建設するという尊い使命を持って生まれてきています。社会の悪を押しとどめ、善を推し進めるために、信者はさまざまな活動に積極的に参加しています。

国内外の世界で貧困や災害、心の病で苦しんでいる人々に対しては、現地メンバーや支援団体と連携して、物心両面に渡り、あらゆる手段で手を差し伸べています。

年間３万人を超える自殺者を減らすため、全国各地で街頭キャンペーンを展開しています。

公式サイト
http://www.withyou-hs.net/

ヘレン・ケラーを理想として活動する、ハンディキャップを持つ方とボランティアの会です。視聴覚障害者、肢体不自由な方々に仏法真理を学んでいただくための、さまざまなサポートをしています。

公式サイト
http://www.helen-hs.net/

教育

学校法人 幸福の科学学園

幸福の科学学園中学校・高等学校は、幸福の科学の教育理念のもとにつくられた学校です。人間にとって最も大切な宗教教育の導入を通じて精神性を高めながら、ユートピア建設に貢献する人材輩出を目指しています。

幸福の科学学園
中学校・高等学校（男女共学・全寮制）
2010年4月開校・栃木県那須郡

TEL **0287-75-7777**
公式サイト
http://www.happy-science.ac.jp/

関西校（2013年4月開校予定・滋賀県）
幸福の科学大学（2016年開学予定）

仏法真理塾「サクセスNo.1」
小・中・高校生が、信仰教育を基礎にしながら、「勉強も『心の修行』」と考えて学んでいます。

TEL **03-5750-0747**（東京本校）

心の面からのアプローチを重視して、不登校の子供たちを支援しています。

不登校児支援スクール「ネバー・マインド」

幼少時からの心の教育を大切にして、信仰をベースにした幼児教育を行っています。

エンゼルプランV

NPO
活動支援

学校からのいじめ追放を目指し、さまざまな社会提言をしています。また、各地でのシンポジウムや学校への啓発ポスター掲示等に取り組むNPO「いじめから子供を守ろう！ネットワーク」を支援しています。

公式サイト **http://mamoro.org/**

ブログ **http://mamoro.blog86.fc2.com/**

相談窓口 **TEL.03-5719-2170**

政治

幸福実現党

内《ない》憂《ゆう》外《がい》患《かん》の国難に立ち向かうべく、二〇〇九年五月に幸福実現党を立党しました。創立者である大川隆法党名誉総裁の精神的指導のもと、宗教だけでは解決できない問題に取り組み、幸福を具体化するための力になっています。

党員の機関紙
「幸福実現News」

TEL 03-3535-3777
公式サイト
http://www.hr-party.jp/

出版メディア事業

幸福の科学出版

大川隆法総裁の仏法真理の書を中心に、ビジネス、自己啓発、小説など、さまざまなジャンルの書籍・雑誌を出版しています。他にも、映画事業、文学・学術発展のための振興事業、テレビ・ラジオ番組の提供など、幸福の科学文化を広げる事業を行っています。

TEL 03-6384-3777
公式サイト
http://www.irhpress.co.jp/

入会のご案内

あなたも、幸福の科学に集い、ほんとうの幸福を見つけてみませんか？

幸福の科学では、大川隆法総裁が説く仏法真理をもとに、
「どうすれば幸福になれるのか、また、
他の人を幸福にできるのか」を学び、実践しています。

入会

大川隆法総裁の教えを学ぼうとする方なら、どなたでも入会できます。入会された方には、『入会版「正心法語」』が授与されます。（入会の奉納は1,000円目安です）

ネットでも**入会**できます。詳しくは、下記URLへ。

三帰《さんき》誓願《せいがん》

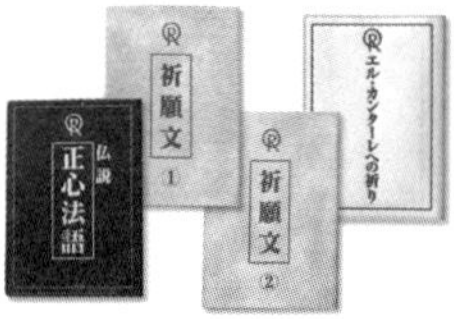

仏弟子としてさらに信仰を深めたい方は、仏・法・僧の三宝への帰依を誓う「三帰誓願式」を受けることができます。三帰誓願者には、『仏説・正心法語』『祈願文①』『祈願文②』『エル・カンターレへの祈り』が授与されます。

植福《しょくふく》の会

植福は、ユートピア建設のために、自分の富を差し出す尊い布施の行為です。布施の機会として、毎月1口1,000円からお申込みいただける、「植福の会」がございます。

「植福の会」に参加された方のうちご希望の方には、幸福の科学の小冊子（毎月1回）をお送りいたします。詳しくは、下記の電話番号までお問合せください。

月刊「幸福の科学」

ザ・伝道

ヤング・ブッダ

ヘルメス・エンゼルズ

INFORMATION	幸福の科学サービスセンター TEL. 03-5793-1727（受付時間 火～金：10～20時／土・日：10～18時） 宗教法人 幸福の科学 公式サイト http://www.happy-science.jp/